Farbbild-Führer

RHEIN

von Mainz bis Köln mit Rheinlauf-Karte

Christine Keßler

Rahmel-Verlag

Inhaltsverzeichnis

Der Rhein zwischen Mainz und Koblenz

Westeuropas mächtigster Strom und der verkehrsreichste der Welt ist ein Kind der Berge. Höhenzüge bleiben ständig in Sichtweite seiner Ufer. Zwischen Basel und Mainz halten sie Abstand. Näher rücken sie im Rheingau. Von Bingen an wird das Rheintal zur Schlucht. Sechzig km lang bis Koblenz zwängt sich der Strom, bei Mainz 520 m breit, durch den Hohlweg. Die Lorelei engt ihn auf ganze 112 m Breite ein. Seine Strömung wird reißend. Die Wände dieses Durchbruchtals sind steil. Hier und da fallen sie senkrecht ab, sind schartig gerippt und gewellt. Es fehlt nicht an Hängen, wo der Laubwald von hoch oben bis dicht über den Fluß hinabsteigt. Andere Partien sind kahl, von Gestrüpp nur locker begrünt. Wo die Sonne Zutritt hat, sind Steilterrassen mit Reben bepflanzt. Ruhmreiche Weinlagen haben Rüdesheim, Aßmannshausen und Bingen, Bacharach, Boppard und andere Orte. Hier muß der Winzer schwindelfrei sein. Hoch über dem Flußbett geht er seiner Arbeit nach, oft nur auf ein paar Fußbreit abschüssiger Erde. Die Höhe dieser Felsmauern wird gern unterschätzt. Das Strombett liegt bei Mainz auf 80 m Meereshöhe, bei Koblenz auf 65, und die Gebirge erreichen durchweg 500 m Höhe. Die Mittelrheinschlucht ist also gut 400 m tief. Wo die Berge bewaldet sind, muß man die Baumhöhe optisch hinzurechnen. Nicht nur die Natur hat das großartigste Stück des Rheintals geprägt. Viel von seinen Reizen ist Menschenwerk. Dabei haben erst die Franken das Engtal auch da besiedelt, wo die Römer einzelne Gutshöfe auf halber Höhe bevorzugten. Unten am Ufer wuchsen Frankendörfer aus Fischerhütten zusammen, oft an befestigte Adelssitze angelehnt. Ihr Schutz zog Handwerker und auch Händler an. Die Zollstätten rheinischer Fürsten machten den ansässigen Bürger nicht arm. Vom Nutzen der Großen leben die Kleinen mit. Das Tal wurde reich. Ritter vom Hunsrück und vom Taunus bauten wahre Schlösser in die unersteiglichen Steilwände des Stroms. Nirgendwo in der Welt liegen Burgen so eng beisammen. Selbst mitten ins Rheinbett bauten die Herren Wohnsitze. Als 1689 Frankreichs König Ludwig XIV. nach Europas ergiebigster Geldquelle, den Rheinzöllen, griff, ließ er diese Zeugen großer deutscher Vergangenheit niederbrennen. Nur drei von den vielen stolzen Burgen bezwang er nicht: die Marksburg, den Rheinfels und den Ehrenbreitstein. Den haben erst 1799 Franzosen gesprengt, kurz nach dem Rheinfels. 1815 kamen die Preußen an den Rhein. Ihre Parole hieß: Erneuerung der „altdeutschen Baukunst“. Am Mittelrhein haben sie viele zerstörte Burgen wieder hergestellt, nicht zum Schaden des Rheintals. In diese einzigartige Landschaft zogen Lachen und Fröhlichkeit wieder ein. War Freude nicht immer die menschlichste Art der Verehrung?

Mainz

Seit über 2.000 Jahren beherrscht Mainz vom Hochufer des Rheins aus die Mainmündung. Unter dem Namen „Moguntiacum“ vereinigten die Römer 38 v. Chr. ein paar ältere Keltendörfer zur befestigten **Hauptstadt von Obergermanien.** Von der römischen Wasserleitung sind noch ansehnliche Reste am Westrand der Stadt erhalten. Um 300 n. Chr. wird Mainz frühchristlicher Bischofssitz. In der Völkerwanderungszeit lernt es die Schrecken der Zerstörung kennen. 742 wählt der Frankenmissionar Bonifatius die Stadt zum Sitz des ersten Erzbistums auf deutschem Boden. Ihm unterstehen die Bischöfe bis weit nach Osten, über Aschaffenburg bis nach Halle, Erfurt und Eichsfeld. Der Grundstein des gewaltigen **Mainzer Doms** wird von Erzbischof Willigis (975 bis 1.011) gelegt. Jahrhunderte haben ihn verschönert, vergrößert, bereichert. Sieben Königskrönungen haben in seinen Mauern stattgefunden. Der älteste Teil des Baus ist der wuchtige **Ostchor** samt den Untergeschossen der Treppentürmchen, die ihn begleiten. Das **Langhaus** aus dem 12. Jahrhundert ist dreischiffig und durch ein **Querschiff** vom erhöhten Chor abgesetzt. Beider Schnittpunkt überdeckt ein Kuppelgewölbe. Darüber erhebt sich der östliche **Vierungsturm,** heute niedriger als der über der Westvierung. Im Langhaus trennen kräftige Rundsäulen das Mittelschiff von den engeren und weniger hohen Seitenschiffen. Alle drei sind mit frühen Kreuzgewölben gedeckt und durch romanische Fenster nur mäßig erhellt. Lichter und weiträumiger wirkt der **westliche Chorraum.** Auch ihm ist wieder ein Querschiff vorgelagert. Dieses aber lädt viel weiter aus als das östliche. Die reichen Bauformen verraten seine Entstehung in spätstaufischer Zeit. Tatsächlich wurden die beiden Untergeschosse des **westlichen Vierungsturms** erst 1239 fertig, das hohe gotische Glashaus darüber bis zur Uhrgalerie 1490. Und die pompöse, aber elegante Bekrönung von heute hat nach einem Brand gar erst 1767–74 Michael Neumann darauf gesetzt, der Sohn des genialen Balthasar Neumann. Auch die kostbare Innenausstattung des Westchors ist ein Werk des 18. Jahrhunderts. Der Marktfront des Doms vorgelagert ist die Doppelkapelle St. Gotthart, ein würdevoller Raum, der 1137 geweiht worden ist. 109 Meter lang ist der Gesamtbau des Doms. Die **Gräber der Mainzer Erzbischöfe** aus dem 13. bis 18. Jahrhundert begleiten Säulen und Innenwände wie ein mittelalterlicher Triumphzug des Todes. Manche davon sind von Meisterhand in herrlichster Steinmetzenarbeit geschaffen. Die beiden Chorräume des Doms sind über breite Treppenläufe zugänglich. Darunter liegen die beiden Krypten des Doms. Der Dom ist marktwärts in Läden fest eingebaut und so vom tätigen Leben der Stadt begleitet. An die andere Längsfront im Süden schmiegt sich der noble, stille, mittelalterliche Kreuzgang. In einem seiner vier Flügel

▲ Mainz

▼ Renaissance-Brunnen (1526)

sind Reste alter Bauplastik ausgestellt. Darunter befinden sich ein paar Bruchstücke des herrlichen Westlettners mit dem Weltgericht. Der gilt, vor 1239 entstanden, als das Gesellenstück des weltberühmten Naumburger Meisters. Beim Brand von 1766 im Westteil des Doms, verursacht durch Blitzschlag, wurde dieses Meisterwerk mittelalterlicher Plastik leider so stark beschädigt, daß man es abbrechen mußte. Schon unter den Ottonen werden die Erzbischöfe von Mainz Erzkanzler des Reichs. Sie führen seit 1257 den Vorsitz im siebenköpfigen Kurfürstengremium, dem die Wahl der deutschen Könige obliegt. Das **„Goldene Mainz“** entsteht mit reichen Bürgervierteln, Adelspalästen, Pfarr- und Ordenskirchen im Zentrum des mittelalterlichen Deutschland. Kaiser Barbarossa hat hier mehrmals Reichstag gehalten. Die Stadt wird befestigt, und ihr Handel blüht. Ihr geistiges Leben ist rege. Hier erfindet der Sohn der Stadt, **Johannes Gutenberg,** um 1440 den **Buchdruck** mit beweglichen Lettern. 1477 wird die **Universität** gegründet. Sie hat bis 1798 bestanden und wurde 1946 neu gegründet. Schwere Zerstörungen im Dreißigjährigen Krieg 1631, dann wieder 1793 und 1945 werden immer wieder rasch behoben. Vom reichen Besitz an historischen Bauten blieben neben dem Dom und der noch älteren **Johanniskirche** gotische Bauten erhalten, so die Kirchen **St. Quintin,** aus dem 13. bis 15. Jahrhundert, und **St. Stephan,** mit dem stadtbeherrschenden Turm. Das **Kurfürstliche Schloß,** ein kostbarer Renaissancebau, birgt heute das **Römisch-Germanische Zentralmuseum** mit einzigartigen Schätzen. Der farbig gefaßte **Marktbrunnen** ist ein weiteres Meisterwerk der Renaissance. Herrliche **Barock-Kirchen** (St. Peter, St. Ignaz und die Augustinerkirche geb. 1763–74) und **Adelspaläste des Rokoko** geben der Stadt noch immer das Gepräge, so der Osteiner Hof, Bassenheimer Hof, Schönborner Hof, jetzt Sitz des Institut Français, Erthaler Hof, Dalberger Hof. Das **Zeughaus** und viele andere Bauten machen den weltmännischen Reiz der heutigen **Landeshauptstadt von Rheinland-Pfalz** aus. Sie ist für Genießer ein Paradies der Weine, des Spargels und anderer lukullischer Köstlichkeiten, bietet aber auch handfeste Gastlichkeit. Der Mainzer Karneval, „Fasenacht“ genannt, hat Weltruf und lockt alljährlich zahllose Gäste in die Mauern der Stadt. Mit der angestammten Musikalität eines hochbegabten Volksstamms durchdringen sich hier Scherz, Satire und Ironie zu einmaliger Brillanz. Die **Personenschiffahrt** rheinabwärts nimmt in Mainz ihren Anfang. Das **Zweite Deutsche Fernsehen** ist hier daheim und das **Weltmuseum für Druckkunst** in der originalgetreu wiederhergestellten Werkstatt Gutenbergs. Mainz bleibt Mainz.

Mainzer Dom, Marktplatz ▶

1kg -.80
4.- DM

Wiesbaden

Aus der römischen Frühzeit von Wiesbaden ist wenig erhalten geblieben. Die Nutzung der dortigen Thermalquellen ist aus dem ersten nachchristlichen Jahrhundert bezeugt. 112 n. Chr. heißt die Nachfolgerin römischer Kastelle „Aquae Mattiacorum“ (Quellen der Mattiaker). 370 wird eine Schutzmauer um den Quellbezirk und die Siedlung dabei errichtet. Gegen Germanen? 829 taucht beim Chronisten Einhard der Name „Wisibada“ für den dortigen Königshof auf. Nach 1250 fällt der Ort an die Grafen von Nassau. Ihr Löwe schmückt den **Marktbrunnen von 1537** vor dem alten **Rathaus von 1609,** das heute als Standesamt dient. Die Oranier erheben die Stadt zu ihrer Residenz. Am Rhein in **Wiesbaden-Biebrich** bauen sie sich 1744 das reizvolle **Rokokoschloß.** Noch 1840 haben sie im Herzen von Wiesbaden das klassizistische Stadtschloß errichtet. Es beherbergt heute den hessischen Landtag. 1866 wird Nassau wie Hessen-Kassel von den Preußen annektiert. Die neuen Landesherren bauen die Stadt zu einem der bedeutendsten Kurorte Deutschlands aus. Das Kulturleben erhält kräftigen Auftrieb. Das **Staatstheater** steigt zu einer der führenden Bühnen Deutschlands auf. In die mondäne Stadt am Südhang des Taunus zieht das **Spielkasino** zahlreiche Gäste aus aller Welt. Nach Berliner Muster wird das Straßenbild „modernisiert“. Die charakteristischen Züge des Kolonialstils, den Preußen all seinen Neuerwerbungen ab 1866 aufprägt, haben nur in Wiesbaden den zweiten Weltkrieg überdauert. Noch heute bietet die Stadt ein ganz rares Bild vom Bauwillen der „Gründerjahre“: breite Prachtstraßen mit Hotel- und Geschäftshäusern hinter Fassaden, die mit dem Barock wetteifern. Nach dem Staatstheater und den

Auf dem Neroberg: Nero Tempel

Griechische Kapelle

Kurhaus

Kolonnaden seiner Umgebung entsteht erst 1907 für den **„Kochbrunnen“**, die ungeheuer ergiebige Heilquelle Wiesbadens, **ein Kurhaus** neuesten Stils. Seit Gründung der Bundesrepublik ist Wiesbaden Hauptstadt des Bundeslandes Hessen. Ein dichtes Netz von Verkehrsmitteln verbindet die Stadt mit Frankfurt und dem nahen Mainz. Mit der Konkurrenz so eigenwillig verschiedener Nachbarn muß die Verwaltungszentrale von Hessen leben. Daß sie es kann, verdient Respekt. Es beweist eigenständige Kraft. Ihre Bedeutung dankt sie der Gunst ihrer Lage, dem warmen Klima, den heißen Quellen und ihrer fast südländischen Weltoffenheit. Vorbildlich neue Kuranlagen hat sie im Aukammtal geschaffen. An neuzeitlichen Sehenswürdigkeiten bietet Wiesbaden die stolze neugotische **Marktkirche** und die **„Griechische Kapelle“** auf dem Neroberg mit ihren vergoldeten Kuppeln. Von der Höhe des Neroberges, den eine Bergbahn mit Wasserantrieb zugänglich macht, hat der Besucher einen einmaligen Ausblick in den Rheingau. Aber nicht solche Einzelheiten machen den Reiz der hessischen Landeshauptstadt aus. Sie wirkt in ihrer Gesamtheit, verdankt ihre Anziehungskraft einem ganz eigenen Flair. Wiesbaden ist die große Dame unter unseren Hauptstädten.

Eltville

Der Wein des ältesten Städtchens im Rheingau gehört zu den Köstlichkeiten dieses weltberühmten Anbaugebiets. Schon früh haben die Erzbischöfe von Mainz ihn gekeltert. Dazu brauchten sie geräumige Keller und zu ihrem Schutz eine Burg. Darin haben sie sich's oft und gern bequem gemacht. Als 1632 die Schweden auf Mainz vorrückten, sprengten sie im Vorbeigehen den Palas der Eltviller **kurfürstlichen Burg.** Aber den mächtigen Schloßturm mußten sie stehen lassen. Er beherbergt heute ein **Gutenberg-Museum.** Reste der **Stadtbefestigung,** weinduftende **Adelshöfe** aus alter Zeit und die **Stadtkirche** mit gotischen Wandmalereien und Figuren machen Eltville zum Juwel auch für Kunstfreunde.

Kurfürstliche Burg

Kloster Eberbach

Diesen bedeutendsten Sakralbau des Mittelalters im Rheingau begannen 1135 die Zisterzienser zu bauen. Es war ihre zweite Niederlassung auf deutschem Boden. Die Sendboten des Ordensgründers Bernhard von Clairvaux suchten sich wie immer ein stilles Waldtal aus und vollendeten noch im 12. Jahrh. Kirche und Kloster. Die großzügige Gesamtanlage ist weitgehend im mittelalterlichen Bestand erhalten. Das Bundesland Hessen pflegt sie als **Sitz der staatlichen Weinbaudomäne.** Die riesigen gewölbten Eß- und Schlafräume früherer Klosterinsassen sind jeder größer als die schöne, fast 80 Meter lange Kirche. Im **Kapitelsaal** ruht das herrliche Sterngewölbe auf einer einzigen Mittelstütze.

Oestrich

Im Oestricher Ortsteil **Mittelheim** steht die älteste erhaltene romanische Kirche des Rheingaus, die Basilika St. Ägidius (12. Jh.). Die wohl noch ältere **St. Martinskirche** in Oestrich wurde nämlich 1509 erneuert. Auch das Oestricher **Rathaus** entstand im Kern bald nach 1500. Im alten **Rheinkran** ist die Maschinerie von 1652 völlig intakt erhalten. Oestrichs Feste sind der **Dippemarkt** und sein **Lenchenfest.** „Lenchen" heißt der Stolz dieses größten Weinbauorts im Rheingau, eine Berglehne mit gepriesenem Wein. Oestrich ist reich an alten **Bürgerhäusern** von der Spätgotik bis zum Rokoko. Das älteste steinerne Wohnhaus Deutschlands besitzt der Ortsteil **Winkel:** das **Graue Haus.**

Oestrich, alter Rheinkran (1652)

Ingelheim, Wehrkirche (1200), Stadtmauer

Ingelheim

Karl der Große erbaute um 800 mitten zwischen Mainz und Bingen hinter dem linken Rheinufer seine Lieblingspfalz Ingelheim. Ihr riesiger Thronsaal, die **Königsaula,** auch „Reichssaal" genannt, war der stattlichste Profanbau des deutschen Früh-Mittelalters. 1689 zerstörten ihn die Franzosen bis auf die noch vorhandenen spärlichen Reste. Das 1200 Jahre alte Ingelheim verdankt den heutigen Wohlstand dem Anbau von Rotwein und Spargel. Auch ist die Stadt der größte Kirschenmarkt Europas. Ihr Sohn **Sebastian Münster** war der Verfasser der „Baseler Cosmographei" von 1544, der wichtigsten Weltbeschreibung seines Jahrhunderts. Sein Bildnis schmückt unsere Hundertmarkscheine.

Rüdesheim

In majestätischer Gemächlichkeit hat der Strom immer westwärts den sonnigen Rheingau durchflossen. Von Inseln mit rauschenden Baumkronen hat er sich nicht aufhalten lassen. Nun stellt sich ihm die Gebirgsmauer in den Weg. Sie will ihm Halt gebieten, ihn aufstauen. Von links drängt der Hunsrück, von rechts der Niederwald. Aus seinen Hängen hat die Rebe den Wald vertrieben. Der Hunsrück gegenüber ist weniger freundlich. Hart zwingt er den Rhein nach Norden zu schwenken. Der Szenenwechsel ist jäh. Eben noch dehnte der Fluß sich in Weite und Fülle. In seinen Fluten spiegelte sich das Städtchen Rüdesheim. Nun aber tritt er, von der eigenen Macht bedrängt, in die Enge des Binger Lochs. Und in der Flußbiegung quert auch noch eine Felsenschwelle sein Strombett. Sie ist mit der Mäuseturm-Insel verwachsen. Über gezackte Klippen hinweg gurgelt und strudelt und schäumt das Wasser in den engen Durchlaß hinein. Ein Zufluß von links, nämlich die Nahe, vermehrt den Druck an der Stelle, wo der Rhein zum Gefangenen des Gebirges wird. Mit Recht gilt Rüdesheim als das Mekka moderner Mittelrhein-Pilger. Es lehnt sich an die warme Südwand, die dem Taunus vorgelagert ist, aber nur knapp seine halbe Höhe erreicht. Das hat dem Niederwald seinen Namen eingetragen. Seine Sonnenlage ist für den Weinbau ein Gottesgeschenk. Doch genauso viel hat Rüdesheim dem Fluß zu verdanken. Die Klippen im Flußbett des Binger Lochs machten in alter Zeit den Rhein an dieser gefährlichen Stelle so gut wie unbefahrbar. Vor stark anderthalb Jahrhunderten

Rüdesheim, Rheinpanorama

▲ Drosselgasse

erst hat man durch Wegsprengen einiger Felsen eine ständig brauchbare Fahrrinne geöffnet. Früher zogen es die Schiffer meist vor, ihre Fracht in Rüdesheim auszuladen und mit Pferd und Wagen bis Lorch zu schaffen. Von dort ab galt der Schiffstransport wieder als sicher. Von diesem Umschlag hat Rüdesheim seit uralten Zeiten profitiert. Der Wohlstand der Stadt von alters her hat also zwei Quellen gehabt: den Rhein und den Wein. Heute nun lebt die Stadt vom Fremdenverkehr. Den lockt guter Wein, wie sie ihn bietet. Die blitzblanke, einladende, ansteckende Lebenslust, die in Rüdesheim von jeher zu Hause war, überträgt sich spontan. Sie schlägt den Besucher in ihren Bann. Sagenerinnerungen im Umfeld von Burgen und Adelsgeschlechtern beflügeln die Phantasie. Sie läßt Frauen in stolzen Gewändern, würdevolle Kaufherren mit prallen Geldbeuteln und sorgenvoller Stirn teilhaben am eigenen Behagen. In der Rüdesheimer **Drosselgasse** verquirlt sich das alles mit handfesten Genüssen aus Küche und Keller zum übermütigen Schwips. Nein, für den Winzer ist es kein Problem, den Wein abzusetzen, den er gekeltert hat. Die Sorge der Gastwirte ist, zusätzlichen zu beschaffen. Denn der Zustrom der Besucher nimmt, vor allem an Wochen-

In der Drosselgasse

Drosselgasse
L.Rausch

INTERNATIONAL
trinken + futtern,
wie bei Muttern

RÜDESHEIM/RH.
Die Drosselgasse
im Abendlicht

Seilbahn zum Niederwalddenkmal

enden, Dimensionen an, denen die einheimische Produktion nicht immer gewachsen ist. Vom Konsum in Rüdesheim leben die Weinorte am ganzen Mittelrhein. Was ist in dieser Stadt nicht alles zu sehen! Schon der Schiffsverkehr auf dem Rhein ist ein Schauspiel ohnegleichen. Am Ufer ist eine der drei Burgen der Stadt in altem Glanz erhalten geblieben: die **Brömserburg,** jetzt Weinmuseum. Da saßen schon die Mainzer Kurfürsten zu genüßlicher Weinprobe. Und auch Goethe, der große Sohn der nahen Stadt Frankfurt, ist laut Gästebuch Anno 1814 hier zu Gast gewesen. Dabei war das Adelsgeschlecht der Brömser von Rüdesheim schon 1668 ausgestorben. Oder betrachten wir andere **Adelshöfe,** wie den der Bassenheimer, der Ritter von Grün, der Brömser aus jener Seitenlinie, die mit

Brömserburg

den Greiffenclaus auf Schloß Vollrads verschwägert waren, den Sickinger Hof, der einmal der Familie des berühmten Franz von Sickingen gehört hat. Auch die **katholische Pfarrkirche** aus dem 14. Jahrhundert ist trotz schwerer Bombenschäden aus dem Zweiten Weltkrieg der Besichtigung wert. Ihre Wunden sind schon lange verheilt. Ihre Wetterfahne erinnert mit Stern und Halbmond noch heute an die Zeit der Türkenkriege. Und von der Stadtbefestigung ist noch der spätgotische **Adlerturm** erhalten geblieben. Rüdesheim hat eine weitere Sehenswürdigkeit zu bieten, eine ganz einmalige sogar. Der Musikfreund sollte sie sich nicht entgehen lassen. Im Brömserhof hat Siegfrieds **Mechanisches Musikkabinett** Heimstatt

Rüdesheim, Rheinstraße

gefunden. Der Sammler brachte 250 Musikautomaten aus anderthalb Jahrhunderten vor 1930 zusammen, einen wahren Schatz an Erfindungen. Mechanische Musik ist eine Art Vorstufe der Schallplatte, des Tonbands und Radios. Schon vor gut 1.500 Jahren wurden in Byzanz Musikautomaten konstruiert. Geradezu einen Kult damit trieb man im 18. und 19. Jahrhundert. In Rüdesheim sind viele fast vollkommene zu bewundern. Schon der Vergleich mit modernen Tonmaschinen lohnt den Besuch der Sammlung.

Das Niederwald-Denkmal

Hoch über dem Rheintal, wo Rüdesheims Weinberge auf die Baumgrenze des Niederwalds stoßen, steht das riesige Erzbild der Germania. Als Sinnbild der wiedergewonnenen Einheit Deutschlands wurde es 1877–83 aus Spenden der ganzen Nation errichtet. Die Figur allein mißt 10,55 m vom Scheitel bis zur Sohle. Ihren 25 m hohen Steinsockel schmückt ein triumphales Bronze-Relief. Soldaten aller Waffengattungen sind darauf dargestellt, dazu Kaiser Wilhelm I. mit den deutschen Landesfürsten, Heerführern und dem „Schmied des Reichs“ Bismarck, zusammen fast 200 Männer in Lebensgröße. Flankiert wird das Relief von zwei geflügelten Riesinnen, die den Krieg und den Frieden darstellen. Figuren solcher Maße haben Tradition. Aus Urzeiten stammen die Steinkolosse auf der Osterinsel. Kurz nach 1400 v. Chr. ließ im ägyptischen Theben der Pharao Amenophis III. zwei steinerne Riesenfiguren aufstellen. Der Grieche Phidias schuf um 450 vor Christus eine zehn Meter hohe Bronzefigur der Athena Parthenos. Über 700 Jahre lang stand sie auf der Akropolis von Athen. Im Jahr 285 v. Chr. wurde die 32 Meter hohe Bronzestatue des Helios-Apollo spreizbeinig über die Hafeneinfahrt von Rhodos gestellt und zu einem der sieben Weltwunder erklärt. Neue Vorliebe für Riesengestalten erwacht in ganz Europa im ausgehenden Mittelalter. 1404 stellt Bremen den steinernen Riesen Roland vor das Rathaus. Bald danach wird im Kölner Dom der gewaltige Christophorus fertig. Beide haben in halb Europa Nachfolger. Riesen aus Bronze kommen viel später noch einmal in Mode. Oberhalb von Schloß Wilhelmshöhe bei Kassel steht der riesige Herkules von kurz vor 1800. Für den Westhang des Teutoburger Waldes wird ab 1838 an der 26 m hohen Gestalt des Cheruskers Hermann gearbeitet. Eine Riesenfigur von Weltgeltung ist dann die 46 m hohe Freiheits-Statue geworden, die Frankreich

Niederwalddenkmal bei Rüdesheim

Bronzerelief „Die Wacht am Rhein“

ZUM ANDENKEN
AN DIE EINMUETHIGE
SIEGREICHE ERHEBUNG
DES DEUTSCHEN VOLKES
UND AN DIE
WIEDERAUFRICHTUNG
DES DEUTSCHEN REICHES

den USA für die Einfahrt nach New York schenkt. Die Germania auf dem Niederwald hat wirklich Tradition, eine große sogar. Von ihr geht der Blick über die Weinhänge Rüdesheims hinweg in die überwältigende Weite des Rheingaus und in die intime Enge des unteren Nahetals. Reizvollere Gegensätze der Landschaft sind schwer zu finden. – Auf die Höhe des Niederwalds führt von Rüdesheim und auch von Aßmannshausen aus eine Seilbahn.

Niederwalddenkmal bei Rüdesheim

Bingen

In römischer Zeit beherrscht ein Kastell an der Stelle der späteren Burg die Kreuzung der Straßen nach Mainz, Koblenz, Trier und Kreuznach und die römische Nahebrücke. Fränkische Erben Roms machen aus Römerbauten Königsgut. Dieses überläßt Kaiser Otto der Zweite dem Erzstift Mainz. Der neue Besitz wird durch Bau der Burg Klopp auf römischen Grundmauern gesichert, die Stadt mit Mauern und Türmen befestigt. Dreimal wird dann Bingen total zerstört. Sein Bestand an historischen Bauten ist daher nicht groß. Kein vor 1689 erbautes Bürgerhaus ist mehr erhalten. Alle Wehrbauten wurden im 19. Jahrhundert beseitigt. Trotzdem ist die Stadt schmuck, gastlich und lebendig. Sie hat seit 1977 eine ruhige

Bingen, Nahemündung

Fußgängerzone. Die katholische **Pfarrkirche St. Martin** ist 1006 Stiftskirche. Die frühromanische Basilika brennt 1403 ab. Ein Neubau ist 1416 fertig. 1502–05 wird der spätgotische Barbarabau zweischiffig als Pfarrkirche links ans Mittelschiff angefügt. Von schweren Schäden im Zweiten Weltkrieg ist die Kirche 1958 geheilt. Ihre frühromanische Krypta verrät Speyer als Vorbild. Die Kirche ist reich an guten Plastiken. Die Seitenaltäre im Mittelschiff weisen kostbare Tonfiguren der Heiligen Barbara und Katharina aus der Zeit um 1425 auf. – Die **Burg Klopp,** von der Mainzer Besatzung 1711 gesprengt, damit Gegner sich nicht einnisten können, ist 1875–79 wieder aufgebaut worden. Heute dient sie als Rathaus und

Bingen, Rochuskapelle (1666)

Heimatmuseum. – Die **Drususbrücke** über die Nahe, älteste Brücke Deutschlands im Mittelalter, wurde nach der Kriegszerstörung 1951–52 verbreitert und erneuert. – Die herrlich gelegene **Rochuskapelle** auf einer Höhe südlich von Bingen wurde nach dem Pestjahr 1666 errichtet, 1795 zerstört, 1814 wieder aufgebaut, wonach Goethe sie besucht hat. Nach einem Blitzschlag brannte auch dieser Bau 1889 aus. Seine einmalige Lage und neu erworbene Kunstwerke aus alter Zeit machen den 1895 geweihten Neubau in altem Stil zu einer Sehenswürdigkeit von hohem Rang. Das Bild des Heiligen Rochus auf Wanderschaft hat Goethe gestiftet.

Bingen, Burg Klopp

Der Mäuseturm – Sage und Wirklichkeit

Unter der Nahemündung wurzelt eine Insel im Rheinbett. Sie trägt einen schlanken Turm. Der Sage nach hat den ein Mainzer Erzbischof namens Hatto erbaut, um die Rheinschiffer zu schröpfen. Den Bauern nahm er den Kornzehnten ab. Den sammelte er in Mainz in einer riesigen Scheune. Nach einer Mißernte kam hungerndes Landvolk nach Mainz und bat ihn um Brotgetreide. Das versprach Hatto den Bittstellern auch. Er schickte sie zur Zehntscheuer und ließ sie darin einsperren. Dann soll er den Holzbau mit eigener Hand

Bingen, Mäuseturm (13. Jh.)

in Brand gesteckt haben. Alle kamen darin um. Nur die Mäuse fanden den Weg ins Freie. Sie zogen in seinen Palast und fraßen alles Genießbare auf. Da erinnerte sich Hatto des Turms auf der Rheininsel. Er hoffte, darin vor den Nagern sicher zu sein. Als er aber in Bingen zur Insel übersetzen will, warten die Mäuse schon auf ihn. Sie schwimmen seinem Kahn nach. Viele erreichen den Turm. Dort fallen sie ihn an und haben ihn bei lebendigem Leibe aufgefressen. – Tatsächlich war dieser „Mäuseturm" jahrhundertelang Maut- oder Zollturm der Mainzer Kurfürsten. Den Mautturm machte der Volksmund zum Mäuseturm. Den brannten 1689 die Franzosen nieder. Preußens König stellte 1855 den Turm wieder her und nutzte ihn als Signalstation für die enge Schiffsdurchfahrt. Diese Funktion verlor das Bauwerk erst 1974, als die Fahrrinne nochmals vertieft worden ist. Seither hausen im Mäuseturm nur Fledermäuse und Sagenfiguren.

Burgruine Ehrenfels

Unterhalb von Rüdesheim beherrschte aus unangreifbarer Höhe rechtsrheinischer Weinberge die doppeltürmige Burg Ehrenfels den Ausgang des Binger Lochs. Die Herren von Bolanden, zwei Brüder im Dienst der Mainzer Kurfürsten, Spezialisten im Burgenbau, haben um 1211 die ausgeklügelte Zollstätte errichtet. Ab 1356 wird die Burg zum befestigten Hoflager der Kurfürst-Erzbischöfe erweitert. Sie ist meist in Kriegen von ihnen bewohnt worden. Mehreren Belagerungen im Dreißigjährigen Krieg hielt sie stand. Französi-

Burgruine Ehrenfels (um 1211)

schen Fachleuten im Niederbrennen von Burgen war sie 1689 dann nicht mehr gewachsen. Von ihrem Gemäuer ist viel als malerische Ruine stehengeblieben. Auf der Bergseite ist der Bau durch die 4,50 m dicke Schildmauer geschützt gewesen. Sie verbindet die kräftigen Ecktürme. Von anderen Gebäuden sind nur Außenmauern erhalten. Am Fuß des Ehrenfels lag einst am Rheinufer das Wohnhaus der Zöllner und eine Lagerhalle. Zu der genial durchdachten Gesamtanlage hat auch der sagenumwobene Mäuseturm auf der Rheininsel gehört.

Aßmannshausen, Rheinpanorama

Aßmannshausen

Der Ortsname schmilzt dem Freund edler Rotweine auf der Zunge. Die Tonschieferhänge zum Rhein sind die Geburtsstätte eines erlesenen Spätburgunders. Seit fast 200 Jahren zieht der Aßmannshäuser **„Höllenberg"** erlauchte Weinkenner in Scharen an den Rhein. Nobelherbergen entstanden in den Gründerjahren. All die schönen Fachwerkhäuser in engen Gassen des Ortskerns gerieten in den Schatten stattlicher Gaststätten der Rheinfront. Dabei hat der Ort auch dem Liebhaber vergangener Zeiten manches zu bieten. 1108 wird „Hasemannshusen" zum ersten Mal urkundlich erwähnt. Noch bis nach 1300 hat Aßmannshausen, wie seit ein paar Jahren wieder, zu Rüdesheim gehört. Aber sein Eigenleben ist unübersehbar. Die **Kirche,** in heutiger Gestalt vor 1500 an Stelle eines älteren Baus entstanden, birgt gemalte Altäre des 15. und des 18. Jahrhunderts und eine schöne Madonna von vor 1500. Als Zugang zum Waldgebirge des Taunus ist Aßmannshausen sehr zu empfehlen. Ein **Sessellift** führt von hier aus bequem zum Niederwald-Denkmal. Dem Fußwanderer erschließen sich besonders interessante Ausblicke ins tief eingeschnittene Rheintal.

Aßmannshausen, Rheinuferstraße

Burg Rheinstein

Um 1000 soll die Burg über Trechtingshausen beurkundet sein. Nach 1200 war sie Sitz eines Blutgerichts der Erzbischöfe von Mainz. In ihren Mauern fällt König Rudolf von Habsburg 1282 standeswidrige Todesurteile gegen adlige Schnapphähne aus den Nachbarburgen Reichenstein und Sooneck. Sie werden gehängt. Ob sie danach in der „Strafkrone“ am Burgturm Wind und Wetter

Burg Rheinstein (um 1000)

ausgesetzt wurden, ist nicht berichtet. Jedenfalls ist der eiserne Korb das Wahrzeichen alter Gerichtsstätten am Rhein. 1323 macht Kurmainz den Bau zur Trutzburg gegen die Pfalzgrafen. Einem Burgvogt anvertraut heißt er nun: „Vogtsburg“. Unter den Burgvögten sind namhafte Gestalten der Zeitgeschichte gewesen. Ab 1572 wird das alte Gemäuer dem Verfall preisgegeben. Es ist Ruine, als 1632 die Schweden nahen. Den Wiederaufbau ab 1825 und den Namen Rheinstein verdankt die Burg Prinz F. W. Ludwig von Preußen. Er ließ ihre Räume reich ausmalen und möblieren. Ihr heutiger Besitzer Hermann Hecher hat die Burg und die Kapelle renoviert, die Gruft darunter zugänglich gemacht und die kunstreiche Burg zur Besichtigung freigegeben. Der Rheinstein ist ein Juwel deutscher Burgenromantik.

Burg Reichenstein

Von alters her war der Reichenstein Besitz der entlegenen Abtei Kornelimünster bei Aachen. Die Burg soll im 11. Jahrhundert erbaut worden sein, und zählt zu den ältesten am Rhein. Erwähnt wird sie zum ersten Mal 1214. Raubrittergezücht ist aus ihr vertrieben worden. Nun werden die ehrbaren Herren von Bolanden, die Erbauer des Ehrenfels, Vögte auf dem Reichenstein. Wohl im Mainzer Interesse, aber es läßt sich einstweilen nicht durchsetzen. Die nächsten Burgvögte verlegen sich wieder auf Straßenraub. 1253 muß der Rheinische Städtebund den Reichenstein zerstören. 1282 geht König Rudolf von Habsburg erneut hier eingenisteten Raubrittern zuleibe. Er brennt die Burg nieder. Erst als Kurmainz 1323 den Burgplatz erwirbt, darf der Wehrbau erneuert werden. Dieser gotische Neubau hatte, wie der Ehrenfels, zwischen zwei Flankentürmen ein wahres Ungetüm von Schildmauer. Sie war unten 8 m dick, oben noch 5, und das monströse Gemäuer war 16 m hoch. Den Verfall der Burg konnte es nicht verhindern. Ihre Ruine gelangt 1899 in Privatbesitz. Die Burg wird wieder aufgebaut. Dort steht ansehnlicher Kunstbesitz zur Besichtigung frei und ein Hotel mit Burgschenke ist darin untergebracht. Der Ort Trechtingshausen zu ihren Füßen weist Reste alter Befestigung auf. Sein wertvollster Besitz ist die rheinaufwärts gelegene Klemenskapelle, ein Meisterwerk der Spätromanik mit alten Wandmalereien und gutem spätgotischem Chorgestühl.

Burg Reichenstein (11. Jh.)

Burg Sooneck

Zum alten Besitz der reichen Abtei Kornelimünster gehört am Mittelrhein auch die unbezwingliche Burg Sooneck. Mit Mauern und Zinnen bewehrt steht sie hoch über dem Rheintal, unterhalb des Reichensteins. Adlige Vögte auf beiden Burgen bereicherten sich in der kaiserlosen Zeit nach 1254 an fremdem Besitz. Aber 1273 wird Rudolf von Habsburg zum deutschen König gewählt. Er haßt Räuber, auch die von Adel. 1282 hungert er die Soonecker aus und knüpft sie zum Entsetzen ihrer Sippen und Gesinnungsgenossen an die Eichen um die Klemenskapelle von Trechtingshausen. Burg Sooneck brennt er nieder und verbietet ihren Wiederaufbau. Erst 1323 trauen sich die Pfalzgrafen vom Rhein das Verbot zu mißachten. Da greift Kurmainz durch und nimmt den halbfertigen Bau in Besitz. Als Lehnsleute der Mainzer verwalten die Marschälle von Waldeck Burg Sooneck, bis ihre Familie 1444 ausstirbt. Zweihundert Jahre später verödet die Burg. Die Waldecker Erben sind ausgestorben. 1689 sprengen Franzosen das leere Gemäuer. 1843 läßt Preußens König Friedrich Wilhelm IV. die Sooneck wiedererstehen. Erlesenes Mobiliar, 200 Jahre alt, Rheinansichten und Waffen in Fülle, nicht zu vergessen die altdeutsche Burgschenke, erfreuen den Besucher der stolzen Burg.

Burg Sooneck (11. Jh.)

Die Heimburg über Niederheimbach

Die Heimburg

Seit 1214 verfügen die Wittelsbacher über einen Stützpunkt am Rhein. Mit dem Pfalzgrafenamt haben sie sich die dazugehörige Residenz gesichert: Burg Stahleck über Bacharach. Von dort aus trachten sie zu ihren süddeutschen Besitzungen Verbindung zu schaffen. Diesem Drang leisten die Mainzer Kurfürsten wie gute Schachspieler Widerstand. Sie stellen den Bayern ab 1290 einen „Turm" vor die Nase, die Heimburg. Vollendet wird diese 1305. Sie liegt nur geringfügig erhöht über Niederheimbach, dem Grenzort zwischen den Erzbistümern Mainz und Trier. Das Dorf selber gehört der Abtei Kornelimünster. Als die mit ihren Burgvögten am Mittelrhein den Bock zum Gärtner gemacht hat, verkauft sie 1270 den ganzen, unbequem gewordenen Besitz an Kurmainz. Die Heimburg verliert ihren Wert auf dem Schachbrett, als 1344 der Reichenstein endgültig an Mainz fällt. 1475 noch einmal neu befestigt, gerät die Heimburg danach in Verfall. Die Franzosen sprengen 1689, was noch davon steht. Vor knapp 90 Jahren ließ der Großindustrielle Hugo Stinnes sie wieder bewohnbar machen und hat im Schatten ihrer beiden ungleichen Rundtürme gelebt. Sie blieb in Privatbesitz und kann nicht besichtigt werden.

Ruine Fürstenberg

Erzbischof Engelbert I. von Köln hat über dem Ort Rheindiebach 1219 die Burg Fürstenberg erbaut, angeblich zum Schutz von Kölner Besitz um Bacharach. Sein wahrer Grund war der Rheinzoll, den er hier einzutreiben gedachte, ein bißchen weit rheinaufwärts von Köln und viel zu dicht bei Zollstätten der Mainzer Erzbischöfe und der Pfalzgrafen. Ab 1214 waren das die Wittelsbacher. Ihr Ziel mußte es sein, die Kölner aus Burg Fürstenberg zu vertreiben. Unverhofft wird ihr Erbauer 1225 ermordet. Und schon 1243 erwerben die Bayern die Burg. Ihr Bau hat also nicht gehalten, was sich der Kölner davon versprach. Sie mehrte die Macht des Nachbarn, dem sie Trotz bieten sollte, und ihr Wert schmolz dahin. Dagegen half auch forsches Auftreten ihrer Besatzung nicht. Die zwang zwar noch 1292 Adolf von Nassau mit Waffengewalt, unterwegs zu seiner Königskrönung Zoll zu bezahlen. Doch schon 1319 sank die Burg zum Witwensitz herab. Ihre Verstärkung gegen Pulver und Kanonen unterblieb. Nur gegen Wehrlose bot sie noch Stütze. Im Dreißigjährigen Krieg gingen von ihr Gewaltakte erst der Spanier, dann der Schweden aus. 1689 sprengten Franzosen sie bis auf den Turm. Die Ruine dient heute als Weinkeller und ist nicht zu besichtigen.

Ruine Fürstenberg über Rheindiebach

Burg Stahleck

Die Burg von Bacharach ist schon 1095 beurkundet. 1142 wird sie Residenz der Pfalzgrafen am Rhein, die zu den 7 Königswählern gehörten. Könige und Kaiser waren auf der Stahleck zu Gast. 1194 ist sie Schauplatz einer Friedensheirat zwischen den verfeindeten Staufern und Welfen. 1214 geht die Pfalzgrafenwürde mitsamt der Stahleck auf die Wittelsbacher über. Ihr neuer Wohnsitz war schon im 12. Jahrhundert die bedeutendste Burg am Rhein. Und noch König Karl IV. hat ihrer Schönheit Reverenz erwiesen: Der prunkliebende Herrscher, der Prag zur „Goldenen Stadt" gemacht hat, feierte 1349 seine Hochzeit auf der Stahleck. Das läßt die unvorstellbare Pracht dieses Baues erahnen. 1386 verlegten die Pfalzgrafen ihren Sitz nach Heidelberg. Aber die Wehranlagen der Stahleck erhielt man auf neuestem Stand. Als die Franzosen 1689 die Rheinburgen niederbrannten, lag in ihren Kasematten ein gewaltiger Vorrat an Schießpulver. Das reichte, um sämtliche Burg- und Schloßtrakte zu sprengen. Vom wertvollsten Burgbau am Rhein blieben nicht einmal Ruinen übrig. Auf Fundamenten der Stahleck ist 1925/27 die heutige Jugendburg neu erstanden. Dem einzigartigen Stadtbild von Bacharach kommt ihre bewegte Silhouette zugute.

Burg Stahleck über Bacharach (1095)

Bacharach

Verschiedenes muß zusammenkommen, um einen Platz von so hinreißendem Charme entstehen zu lassen wie Bacharach. Hier ist es zum ersten die Gunst der Lage. Das Städtchen schmiegt sich vor die Einmündung des engen, rebenbewachsenen Steeger Tals ins weit geöffnete Rheintal. Zum zweiten hat Bacharach von seiner Geschichte profitiert. Die Stadt war im Mittelalter Residenz eines der sieben Kurfürsten, und zwar des repräsentativsten. Der Pfalzgraf vom Rhein war nämlich in Zeiten zwischen dem Tod eines deutschen Königs und der Krönung seines Nachfolgers „Reichsvikar“, Verwalter der Königsgewalt. Zum dritten sind hier Bauwerke von hohem Rang dicht benachbart. Wie in einer Nußschale stellen sie einen Abriß deutscher Kulturgeschichte aus fast einem Jahrtausend dar. Und zum vierten ist Bacharach von der Natur mit einem guten Klima und mit Hanglagen verwöhnt, die seit ältesten Zeiten einen gerühmten Wein hervorbringen. Es ist eine gastliche Stadt und eine sehr schöne dazu. Als die alte Stahleck noch stand und die Wernerskapelle unversehrt war, als all die kunstvollen Fachwerkhäuser von einst, die der schreckliche Stadtbrand von 1872 in Flammen aufgehen ließ, noch heil zum Himmel ragten, muß Bacharach ein „Märchen aus uralten Zeiten“ gewesen sein. Weitge-

Bacharach, Altes Haus (1568)

Bacharach, Wernerskapelle und Pfarrkirche St. Peter

hend erhalten ist die **Stadtmauer** von 1344. Sie umspannte mit Türmen und Wehrgängen auch die Stahleck. Die evangelische **Pfarrkirche St. Peter** wirkt äußerlich kleiner als sie ist. Nur der markante Turm widerspricht diesem Eindruck. Der Innenraum überrascht. Die dreischiffige romanische Basilika mit Emporen und spätgotisch vergrößerten Fenstern hat ihre alte Farbigkeit bewahrt. Ein gewaltiger Christophorus des 14. Jahrhunderts beherrscht den Raum. Die katholische **Pfarrkirche St. Nikolaus** von um 1700 steht auf der alten Zollbastion. An prachtvollen Gebäuden ist die Stadt immer noch reich. Die Alte Post, die Alte Münze, die kurpfälzische Amtskellerei, jetzt Rathaus, zeugen davon. Das Wunder von Bacharach aber ist die **Wernerskapelle** im Weinberghang. Der 1290 begonnene Bau ist ein Hauptwerk rheinischer Gotik. Bei der Sprengung der Stahleck beschädigt, dann von einem Bergrutsch erschüttert, steht die Kapelle seit 1787 ohne Gewölbe und Dächer als Ruine da. Ihr Filigrannetz aus leuchtend rotem Sandstein ist ein unvergeßliches Traumgebilde.

Bacharach, Burg Stahleck und Stadtpanorama

Burg Gutenfels

So heißt die Burg über Kaub erst seit 1504. Damals war Landgraf Wilhelm von Hessen gezwungen von ihr abzulassen. 45 Tage lang hatte er Burg und Stadt belagert und sie mit über 1200 steinernen und eisernen Kanonenkugeln beschossen. Ihre Rettung verdanken sie der Sage nach dem herzhaften Bürgermädchen Else Welzer. Ihre Tat wird alljährlich mit dem Trachtenspiel „Elslein von Kaub“ gefeiert. Die Burg, vorher schlicht „Cube“ genannt, was „Kaub“ bedeutet, taufte der dankbare Burgherr in „Gutenfels“ um. Sie war um 1200 im Besitz der Falkensteiner gewesen, ging aber mitsamt der Stadt 1277 durch Kauf an die Pfalzgrafen. Die witterten hier nach dem Rheinzoll von Bacharach eine neue ergiebige Geldquelle gleicher Art. Nach dem Bau der Zollburg auf der Insel im Rhein wird Burg Kaub zum Zankapfel, bleibt aber Besitz der Pfalzgrafen. Nachdem sich die Hessen an ihr die Zähne ausgebissen hatten, stritten sich im Dreißigjährigen Krieg Schweden und Spanier immer wieder um sie. Das brachte Schäden. Sie wird zurechtgeflickt und dient so bis 1803 als Altersheim für invalide Soldaten. Napoleon gibt Weisung, sie auf Abbruch zu verkaufen. Sie gerät aber in rettende Hände. Der heutige Besitzer pflegt den gut erhaltenen Bau aus den Tagen der Staufer als Burghotel weiter, der Nachwelt zur Freude.

Burg Gutenfels über Kaub

Kaub und die Pfalz im Rhein

Im Zuge der Erbauung von Burg Gutenfels umgibt sich Kaub um 1200 mit einer Stadtmauer. Eigenes und fremdes Gut gilt es zu schützen. Denn damals lud man wertvolle Schiffsfrachten oberhalb des Binger Lochs auf Rollwagen um und brachte sie mit Pferd und Wagen von Rüdesheim bis Kaub. Das hat jahrhundertelang beiden Orten viel Geld eingebracht. In Kaub kommen um 1355 die ergiebigen Dachschiefergruben als Einnahmequelle hinzu. Alten Wohlstand sieht man der Stadt heute noch an, ihren stattlichen Wohnhäusern vor allem. Eins mit romanischem Giebel ist an die 650 Jahre alt. Keller alter Häuser liegen oft oberirdisch wegen des

Die Pfalz im Rhein bei Kaub

alljährlichen Hochwassers. Die Erdgeschoßräume sind dann über Außentreppen zugänglich. Der reichste und größte Fachwerkbau von Kaub ist wohl der „Goldene Hirsch“ von 1575. Bedeutend ist auch das einstige Gasthaus „Stadt Mannheim“, erbaut 1780, mit echten alten Stofftapeten. Hier hat **Blücher** Quartier bezogen, nachdem er Napoleon bis an den Rhein verfolgt hatte. In der Neujahrsnacht 1813/14 wagte er dann mit 100.000 preußischen Soldaten den denkwürdigen Rheinübergang auf einer Brücke aus Lastkähnen. Blüchers Wohnräume in Kaub sind heute Museum mit vielen Erinnerungsstücken an seine Zeit. Dem Denkmal des „Marschalls Vorwärts" benachbart ist der **Kauber Pegel,** für die Rheinschiffahrt der wichtigste zwischen Mainz und Köln. Die **Pfarrkirche** von Kaub hat alle Baustile seit der Romanik mitgemacht. Sie ragt aus der Stadtmauer wie ein Bollwerk hervor und ist geteilt, um den beiden Konfessionen dienen zu können. Die Rheininsel vor Kaub verengt das Fahrwasser des Stroms auf Bogenschußweite. Die Pfalzgrafen, in ihrem Geschäft erfahren, erkannten die gute Gelegenheit, hier Zoll zu erheben. Erst bauten sie einen Turm auf die Insel, ähnlich dem Mäuseturm vor dem Binger Loch. 1338 erweiterten sie den Bau zur kompletten Zollburg Pfalzgrafenstein, heute

Kaub, Burg Gutenfels und die Pfalz im Rhein

„die Pfalz" genannt. Sie ähnelt einem steinernen Schiff mit scharfem Vordersteven. Der stemmt sich Treibeis und Hochwasser entgegen. Lage und Anlage der Pfalz verraten den Scharfblick eines Genies. In den 650 Jahren ihres Bestehens fiel sie niemals in Feindeshand. Auch ist es in all dieser Zeit nicht nötig gewesen, sie zu verändern. Nur die Außenmauern hat man verstärkt, zuletzt kurz nach 1750. Damals erhielten die Dächer und die Turmhaube die reizvolle heutige Gestalt. Die Innenräume der Burg sind zur Besichtigung freigegeben. Was sie der Besatzung an Lebensraum boten, ist weniger als in modernen Unterseebooten. Seltsamerweise enthält die Pfalz trotz des knappen Raumes einen schmalen, verwinkelten Innenhof, den im Sommer sogar bescheidenes Pflanzengrün schmückt.

Oberwesel

„Stadt der Türme und des Weins", läßt Oberwesel sich nennen. Im Wein ist Wahrheit. Und mit 18 erhaltenen Stadttürmen von einst 21 ist Oberwesel am Mittelrhein unübertroffen. Der Mauerring, um 1216 errichtet, garantierte die Freiheit der Stadt. Sie darf sich mit Stolz rühmen, seit 1257 **freie Reichsstadt** gewesen zu sein, nicht anders als Köln, Frankfurt und Nürnberg. Aber sie blieb es nicht. Mit Waffengewalt hat sie sich 1390/91 gegen den Verlust ihrer Freiheit gewehrt. Es war erfolglos. Der „Weseler Krieg" ist nur deshalb denkwürdig, weil damals zum ersten Mal am Rhein Kanonen verwandt worden sind. Außer der **Stadtmauer** hat Oberwesel

Oberwesel, Stadtpanorama

zwei hochberühmte Kirchen. Die rote **Liebfrauenkirche,** 1308/51 erbaut, enthält einen der ältesten und kostbarsten Altarschreine ganz Deutschlands von 1331 und, von der gleichen Hand geschnitzt, ein hervorragend schönes Chorgestühl. Von gleich hoher Qualität ist der spätgotische Lettner. Die weiße **St. Martinskirche** wurde kurz nach Liebfrauen auf dem höchsten Punkt der Stadt erbaut. Ihr gewaltiger Westturm von 1435 hat auch als Eckbastion der Stadtmauer gedient. Auch diese Kirche ist reich an Kunstschätzen. Oberwesel gehört trotz schwerer Einbußen im Dreißigjährigen Krieg, durch die Franzosen 1689 und durch Stadtbrände noch immer zu den geschlossensten und schönsten historischen Städten Deutschlands.

Die Schönburg

Die Burg auf dem Steilkegel bei Oberwesel hat Barbarossa einem seiner Getreuen 1166 verliehen. Der nannte sich nach ihr. Sie wurde Sitz einer Großfamilie. Jeder Zweig baute sich einen eigenen Palas und Bergfried. So kam die Schönburg an ihre 6 Türme. Durch den Rheinzoll waren die Bewohner reich geworden. Die Kirchen in Oberwesel lagen ihnen am Herzen. Die Burg schützten sie mit der dicksten Schildmauer am Rhein. Einen von ihnen, namens Fried-

Die Schönburg bei Oberwesel

rich, zog es in die weite Welt. Er wurde eines Oraniers Waffenbruder, Marschall von Frankreich, Kriegsminister in Berlin und englischer Heerführer gegen die Iren. Zum „Duke of Schomberg" erhoben, fiel er mit 73 Jahren in einer Schlacht. Das war im gleichen Jahr 1689, in dem Franzosen seine Stammburg am Rhein niederbrannten. 30 Jahre später starb die Familie aus. Die Burg ist ohne die Vielzahl der Türme wiedererstanden. Die Stadt Oberwesel hat ein reizvolles Hotel darin untergebracht.

Die Loreley

Das Mittelrheintal verengt sich an der Loreley zum Nadelöhr. Der mächtige Schieferfelsen ist gut 130 m hoch und steigt fast senkrecht auf. Er stemmt sich dem Strom in den Weg und drängt ihn auf ein Viertel seiner natürlichen Breite zusammen. Seine Strömung wird reißend und überdies noch von Klippen im Flußbett behindert. Nur wenige Stunden lang fällt volles Tageslicht in die Tiefe der Schlucht. Bei Blitz und Donner macht dröhnender Widerhall das Schauspiel

Die Loreley, Schieferfelsen (über 130 m hoch)

entfesselter Natur zum unvergeßlichen Erlebnis. Den Rheinschiffern von einst, die ohne Maschinenkraft ihre Boote und Flöße weiterbringen mußten, war diese Stelle verhaßt und ein Schrecknis. Nun haben von jeher die Tücken der Natur in Sagen und Märchen menschliche Gestalt angenommen. So geschah es auch hier. Eine blonde Nixe, so heißt es, hat vom Gipfel des Felsens aus die Schiffer mit weiblichen Reizen und süßen Sirenensängen verlockt. Statt auf den wild schäumenden Strom zu achten, blickten sie zur Loreley

hinauf und scheiterten an den Klippen in der Tiefe. Das Lied, von Heinrich Heine im Volkston gedichtet und von Friedrich Silcher vertont, hat die Loreley zum meist besungenen Felsen der Welt gemacht. Daß sein Südhang als Weinberg genutzt wird, war dem Sänger wohl fremd. Besucher des Gipfels finden außer den Resten eines keltischen Ringwalls auch eine Freilichtbühne. Im Sommer sollen sich darauf zuweilen noch blonde Geschöpfe tummeln, ungefährliche gewiß.

Die Loreley, der sagenumwobene Schieferfelsen

Burg Katz

Das stille Dorf mit dem Märchennamen Katzenelnbogen liegt mitten im Taunus. Aber der Grafenfamilie, die hier 1095 ihre Stammburg errichtet, ist nicht nach Märchen zumute, sondern nach Macht und Vermögen. Wo solches zu finden wäre, begreifen die Burgherren mit dem vielbewitzelten Namen sehr bald. Der Rhein war damals die Straße zum Wohlstand. Sich am Rhein niederzulassen, wird das Ziel des Geschlechts. Erst nach neunzigjährigem Warten ist ihnen das Glück hold. 1185 erreichen die Grafen von Katzenelnbogen den Rhein. Eine heute nicht mehr vorhandene Talburg in St. Goar kommt in ihren Besitz. Zwar eignet sich ihre Lage zur Zollstätte, nicht aber ihre Größe und Stärke. Der Bau der Burg Rheinfels hoch über St. Goar löst das Problem fürs erste. Doch ist an dieser Stelle der Rhein recht breit. Allein vom linken Ufer aus kann man ihn nicht voll kontrollieren. Auch auf dem rechten Ufer ist ein Stützpunkt unbedingt nötig, um durchkommende Schiffe zum Zahlen von Zoll anzuhalten. Einen geeigneten Bauplatz findet Graf Johann III. auf der Höhe über St. Goarshausen. Ab 1371 errichtet er darauf eine neue Zollburg. Die macht sich so gut bezahlt, daß ihr Erbauer den Namen der Stammburg auf sie überträgt. Er nennt sie gefühlvoll „Neukatzenelnbogen". Dem Volksmund war

St. Goarshausen und Burg Katz

das ein bißchen zu lang. Als „Burg Katz“ ist sie in die Geschichte eingegangen. Mit dem Zollriegel zwischen St. Goarshausen und St. Goar ist es den Grafen von Katzenelnbogen gelungen, sich zwischen den Pfalzgrafen und den Erzbischöfen von Trier in die Front der Nutznießer am Rheinhandel einzureihen. Aus dem enormen Zollgeschäft waren sie dank ihrer Burgen Rheinfels und Katz nun nicht mehr auszuschalten. Dieser Erfolg hat ihnen Appetit auf weitere Einnahmequellen dieser Art gemacht. Wir werden ihnen als zeitweiligen Besitzern der Marksburg, die durch Kauf erworben wurde, wiederbegegnen. Die „Katz“ ist nach dem Aussterben der Grafen von Katzenelnbogen 1479 in den Besitz ihrer Erben, der Landgrafen von Hessen, gekommen. 1700 war der Bau in vollem Verfall, wohl nicht ohne Beihilfe eifriger französischer Burgenzerstörer. Und 1806 ist die „Katz“ bis auf den Turmstumpf ganz abgerissen worden. Ihre genaue Aufmessung aus dem Jahr 1608 durch den hessischen Baumeister Dilich machte ihren Wiederaufbau 1896/98 möglich. Nur der Turm wurde nicht mehr auf die frühere Höhe gebracht. Er blieb Ruine. Die erneuerten Burghäuser dienen heute der Bundesfinanzverwaltung als Ferienheim.

Im Tal der Loreley und Burg Katz ►

▼ Burg Katz über St. Goarshausen

St. Goarshausen

Unterhalb der Loreley kommt das Wasser des Rheins zur Ruhe. Es hat dort, als der Strom noch fischreich war, von Lachsen gewimmelt. Das rosafarbige Fleisch des „Rheinsalms“ war noch nach 1900 von den Speisekarten der großen Personendampfer nicht wegzudenken. Ein Jahrtausend zuvor war St. Goarshausen ein Fischerdorf. Denn hier, vor den Stromschnellen der Loreley, sammelten sich von jeher die Lachse auf ihrem Laichzug rheinaufwärts. Der Ort kommt 1284 in den Besitz der Grafen von Katzenelnbogen. Sie erheben ihn 1324 zur Stadt. Die bekommt, wie es sich gehört, eine Stadtmauer. Nach dem Bau der Burg Katz ist die Mauer bis zu ihr hinaufgeführt worden und umschließt auch die Weinberge. Heute sind dieselben für die gastliche Stadt, die ihre Fischerei verloren hat, lebenswichtig. Die Hauptstraße der Stadt verläuft von jeher parallel zum Ufer und hat einst auch nur zwei Tore gebraucht. Jedes bewachte ein starker Turm. Beide blieben erhalten, während Tore und Mauern so gut wie verschwunden sind. Gepflegte Fachwerkhäuser an der Hauptstraße wie in der Burggasse geben noch heute ein lebendiges Bild der mittelalterlichen Kleinstadt. Von ihrer Kultur zeugt das große Dreifaltigkeitsbild des Lucas Cranach in der katholischen Pfarrkirche. Die neuzeitliche Ausdehnung der Stadt benutzt Bachtäler, die sich vom Taunus ins Rheintal senken, zur Verbindung mit der Hochfläche, auf der allein sie sich vergrößern kann. Die Altstadt ist das Tor zur Loreley-Burgen-Straße. Sie begleitet den Rhein auf seiner Randhöhe von Lorch bis Kamp-Bornhofen. Immer wieder gestattet sie überraschende Blicke in die Weite, zuweilen auch in die Tiefe des Rheintals.

St. Goarshausen, Rheinpromenade und Burg Katz

St. Goarshausen, Rheinpanorama

St. Goarshausen „Der Rhein in Flammen“ (Feuerwerk)

St. Goar

Goars Name verrät ihn als Kelten. Irgendwann um 550 n. Chr. kam der fromme Mann aus dem südlichen Frankreich nach Deutschland, um Heiden zu bekehren. Weshalb er sich damals gerade diese Stelle des Rheintals ausgesucht hat, ist leicht zu begreifen. Die Schiffer, die den Stromschnellen der Loreley entronnen waren, pflegten hier ihren Göttern Dankopfer zu bringen. Was sie in Herzensangst zu spenden gelobten, konnte jetzt auch christlichen Schutzpatronen zukommen. Der Kelte wird zum Heiligen, zu Sankt Goar. Sein Grab ist schon um 650 Wallfahrtsstätte. Ein Kloster betreut die Pilger. 1185 übernehmen die Grafen von Katzenelnbogen die Vogtei über dieses Kloster. Die kleine Talburg von St. Goar erwerben sie gleich mit, als Amtssitz zunächst. Damit haben sie am Rheinufer Fuß gefaßt. Beim Bau einer Stadtmauer vor 1219 wird ein Burgbauplatz für den späteren Rheinfels auf dem Berg mit einbezogen. Im Schutz der Burg nimmt die Stadt raschen Aufschwung. Die Stiftskirche St. Goar erhebt sich über der prachtvollen Krypta des 11. Jahrhunderts. Schöne spätgotische Netzgewölbe erhält sie beim Ausbau zur hallenförmigen Residenzkirche noch kurz vor dem Aussterben des Grafengeschlechts um 1479. Sie wird aufs kostbarste ausgemalt. Der Bau ist heute **evangelische Pfarrkirche**. Die Wohnhäuser der Stadt gewinnen Qualität. Noch heute ist eine stattliche

Burg Katz über St. Goarshausen, gegenüber St. Goar und Burg Rheinfels

St. Goar, Rheinpanorama und Fähre

St. Goar und Burg Rheinfels

Anzahl historischer Bürgerhäuser erhalten. Als Burg Rheinfels um 1580 zur Residenz verschönert wird, erlebt das bürgerliche Handwerk goldene Zeiten. Wiederholte Belagerungen von Stadt und Burg in den Jahren 1255/56 und 1322 haben zwar manches zuschanden gemacht. Auch der Dreißigjährige Krieg geht nicht spurlos an St. Goar vorbei. Aber selbst die harte Belagerung durch die Franzosen 1692 vernichtet die Stadt nicht. Ja, es ist ein Bürger namens Kretsch, der die Franzosen zum Abzug veranlaßt. Das Mitglied der Schützengilde nimmt vom Turm der Stiftskirche aus den französischen General Tallard aufs Korn und trifft ihn. Mit ihrem schwerverletzten Anführer sucht die ganze Armee, 28.000 Mann stark, das Weite. Die neugotische **katholische Pfarrkirche** beherbergt neben der Grabplatte des heiligen Goar, einem Meisterwerk der Zeit um 1330, eins der schönsten Altargemälde des Landes aus dem ausgehenden Mittelalter. Die gastliche Stadt ist an ein **Netz von Wanderwegen** angeschlossen. Mit guten Gaststätten und circa 30 Übernachtungsbetrieben ist sie ein Zentrum des Fremdenverkehrs am Mittelrhein. Am 3. Samstag im September werden die Burgen im Umkreis beleuchtet. Zwischen der Loreley und dem Rheinfels bietet das große Feuerwerk „Rhein in Flammen“ dem Strom der Besucher ein imposantes Schauspiel.

Burg Rheinfels über St. Goar (1245) ►

Burg Rheinfels

Über St. Goar beginnt 1245 Graf Dieter V. von Katzenelnbogen den Bau der Burg Rheinfels. Sparen muß der Taunusherr nicht. Die alte Talburg unter der neuen Baustelle hat 60 Jahre lang Zoll eingebracht. Nun bietet ihr Gemäuer nicht mehr die nötige Sicherheit. Aber seit dem Bau ihrer Burg Hohenstein im Taunus 1190 sind die Grafen Burgenfachleute und auf dem besten Wege, Experten auf diesem Gebiet zu werden, denen niemand das Wasser reichen kann. Im Burgmuseum kann man aus Plänen des Rheinfels ersehen, wie seine Erbauer den Felssporn ausgenutzt haben, der ihre neue Burg trägt, und was sie an ihm veränderten, um unangreifbar zu werden. Die Bewährungsprobe des Neubaus läßt nicht auf sich warten. Kaum ist er fertig, da erhöhen die Burgherren ihre Zollsätze drastisch. Das bringt den Rheinischen Städtebund auf den Plan. Er macht gegen die Burg mobil und hat sie 1255/56 ein Jahr lang belagert. Aber erstürmt wird der Rheinfels nicht. Vom Senken der Zollsätze ist keine Rede

mehr. Die Burg kann davon großzügig zur Residenz ausgebaut werden. Nach 1332 wird der Bergfried zur „Butterfaßform“ aufgestockt. Die zeigt die Marksburg über Braubach noch heute. Sie war typisch für die Bauten der Grafen von Katzenelnbogen. Auch der Turm der Burg „Katz“ hat früher so ausgesehen. Neue Wohngebäude geben der Burg mehr Bequemlichkeit. Der „Frauenbau“ entsteht. Weitere hochgesteckte Pläne der Grafen gehen nicht in

Erfüllung. Ihr Geschlecht stirbt 1479 aus. Erben werden die Landgrafen von Hessen. Die haben zunächst einmal 1480/1527 aus der Burg eine Festung gemacht. Außenwerke vor den Burgmauern, Kasematten in ihrem inneren Bereich, machen den Rheinfels zum modernen Wehrbau im damaligen Sinn. 1570/80 wird er dann erneut umgestaltet, nämlich zu einer Fürstenresidenz mit prachtvollen Innenräumen und Giebeln mit reichem Renaissance-Fachwerk. Der

Burg Rheinfels über St. Goar (nach einem Stahlstich um 1850)

frühere Frauenbau der Grafen von Katzenelnbogen wird zur gewölbten Kapelle. Bis 1667 werden die Festungswerke noch einmal mächtig verstärkt. Außenschanzen, Forts und Ravelins im Stil barocker Festungsbaukunst machen den Rheinfels zu einer der stärksten Festungen in Deutschland. 1692 trotzt er mit 4.000 Verteidigern einer französischen Armee von 28.000 Mann. Sein Ende kommt 1792. Der Kommandant überläßt die Festung kampflos den Franzosen. Alles wird gesprengt, was zu sprengen ist: Bergfried, Schloß und Außenwerke. Die Ruine wird Steinbruch. Erst 1843 erwirbt sie der spätere Kaiser Wilhelm I. Man beginnt 1925 zu restaurieren. Von der Größe und Schönheit des Rheinfels lassen nur ein Modell der Festung und Bilder des Architekten Dilich von 1607/08 einiges erkennen. Auch sie sind im Burgmuseum ausgestellt. Ein Rundgang durch die riesige Burg macht ihre Maße deutlich, und der Besuch des Museums lohnt sich sehr, um das Gesamtbild der Burg zu erfassen. Keine andere Burg am Rhein gibt soviel Einblick in ihre Struktur und ihr Innenleben, von der Geschichte ganz zu schweigen. Die Führung dauert anderthalb Stunden.

Burg Rheinfels über St. Goar

Burg Maus

1255 hatten die Rheinstädte gegen die Taunusgrafen deshalb Front gemacht, weil Zollforderungen das Vorrecht der Kurfürsten waren. Und diese sahen ihr angestammtes Zollmonopol in Gefahr. Direkt in seinen Interessen betroffen war Kurtrier. So baute, keine zehn Jahre nach Vollendung des Rheinfels, der Trierer Erzbischof über dem Städtchen Wellmich, rechtsrheinisch also, eine Trutzburg. Klein aber tückisch stand sie den Herren über St. Goar vor der Nase. „Peterseck" hieß sie, später dann „Deuernburg". Triers Erzbischöfe Kuno von Falkenstein und Werner von Königstein, Onkel und Neffe, haben mit Vorliebe darin gelebt und sind beide dort gestorben, 1388 und 1418. Die Katzenelnbogener reagierten sofort mit dem Bau ihrer viel größeren Burg „Katz" ab 1371. Sie haben das Mißverhältnis der Kräfte ironisch klargestellt und hingen der Bischofsburg den Spottnamen „Burg Maus" an. Der blieb im Volksmund lebendig. Seitdem heißt die Burg allgemein so. 1806 auf Abbruch versteigert, ist sie von Privathand vorbildlich wiederhergestellt worden. Der interessante Bau und seine geschmackvolle Einrichtung sind einen Besuch wert.

Burg Maus über Wellmich

Kamp-Bornhofen

Kamp ist der ältere Ortsteil der Doppelgemeinde. Schon vor 950 urkundlich erwähnt, gehörte er zum „Bopparder Reich". Diesen größten zusammenhängenden Reichsbesitz am Mittelrhein hat der streitbare Erzbischof Balduin, Bruder Kaiser Heinrichs VII. aus dem Hause Luxemburg, nach 1300 unter Kurtriers Herrschaft gebracht. Der Ort blieb bis 1802 von Trier beherrscht. In der neuromanischen Pfarrkirche hat Kamp noch Grabmäler und den Altartisch der einstigen frühgotischen Kirche bewahrt. Sie war, wie die heutige, dem Patron der Schiffer, St. Nikolaus, geweiht. Der jüngere Ortsteil **Bornhofen** gewann seit vor 1289 als Wallfahrtsstätte das Übergewicht. 700 Jahre lang erweisen nun Pilger dem Gnadenbild ihre Reverenz, der noch neute verehrten Pietà. Zu ihrem Dienst wurde 1679 das **Kloster Bornhofen** gegründet, das die Pilger betreut. Die **Gnadenkapelle** von 1691 wurde an die schon 1435 geweihte Kirche angebaut. Das macht den zweischiffigen Hallenbau sehr reizvoll verwinkelt. In Kamp-Bornhofen beginnt die Loreley-Burgen-Straße über die Randhöhen des Taunus. Sie erschließt eine Anzahl besonders interessanter Burgen und schöner Aussichtspunkte. Für Unterbringung und leibliches Wohl von fast tausend Gästen ist in Kamp-Bornhofen bestens gesorgt. Der Ort ist über die rechtsrheinische Uferstraße, die B 42, bequem erreichbar. Im Sommer hat er rege Schiffsverbindung zu anderen Plätzen am Rhein. Aus Boppard führt eine Autofähre in den von zwei berühmten Burgen („Die feindlichen Brüder" Sterrenberg und Liebenstein) beherrschten Doppelort.

Kamp-Bornhofen und die ,,Feindlichen Brüder''

Die feindlichen Brüder

Der Felsgrat im Rücken von Bornhofen trägt die Ruinen von zwei Burgen. Sie sind durch eine hohe Mauer getrennt. Die heißt im Volksmund **„die Streitmauer“.** Und eine Sage wird dazu erzählt. Auf Burg Sterrenberg soll einst ein Ritter gelebt haben, dem die Gemahlin früh weggestorben war. Seitdem führte ihm und den beiden heranwachsenden Söhnen eine junge Maid den Haushalt. An sie verloren die jungen Männer beide das Herz. Der jüngere fand

Die Feindlichen Brüder

Erhörung. Als aber die Werbetrommel für einen Kreuzzug ertönte, zog es den jungen Glückspilz ins Heilige Land. Die junge Maid hielt ihrem Geliebten die Treue. Der kehrte erst nach Jahren heim. Aber er brachte eine Griechin mit. Sie war seine Frau. Der alte Sterrenberger baute ein zweites Burghaus für das junge Paar und nannte es Burg Liebenstein. Den älteren Bruder empörte die Treulosigkeit des anderen tief. Eine hohe Mauer mußte die Burgbezirke trennen. Als aber einst die Brüder in der Kirche zusammentrafen, kam es zum Streit mit blanker Waffe. Beim Versuch, die Brüder zu trennen, lief die Burgmaid ihnen in die Schwerter und starb. Die Brüder fielen

Die Feindlichen Brüder über Kamp-Bornhofen

beide im Zweikampf. Dem Vater brach das Herz. So will es die Sage. Anders weiß es die Geschichte. **Sterrenberg** hat als Reichsburg schon vor 1100 bestanden. 1195 wird sie Lehen der Herren von Bolanden. Die verstärken sie durch eine Vorburg. So entstand also um 1200 die **Burg Liebenstein.** Über hundert Jahre später kommt Bornhofen mit Burg Sterrenberg an Kurtrier, nicht aber Burg Liebenstein. Zur Abschirmung gegen sie wird die Streitmauer gebaut. Ab 1550 läßt Kurtrier Burg Sterrenberg verfallen. Burg Liebenstein wird um 1600 aufgegeben. Heute sind Teile beider Ruinen wieder unter Dach. Gaststätten mit herrlicher Aussicht lohnen ihren Besuch.

Boppard

Um etwa 50 n. Chr. errichten die Römer oberhalb der größten Rheinschleife ein Kastell. Sein Name Baudobriga ist von einer älteren Keltenstadt an gleicher Stelle übernommen. Nach dem Alemannen-Einfall von 350 wird im typischen Gußmauerwerk der Römer eine drei Meter dicke Stadtmauer errichtet. 28 Rundtürme springen daraus hervor. Elf davon stehen noch heute bis zu 10 m hoch. Boppard hat damit die besterhaltene römische Stadtmauer Deutschlands. Ihr vorgelagert ist eine Stadtmauer des 12. Jahrhunderts. Nach der Annektion der Reichsstadt Boppard durch Erzbischof Balduin von Trier 1327 wird sie verstärkt und um eine Zwing-

Boppard, St. Severuskirche

und Zollburg erweitert. Das heutige Stadtbild ist von Geschichte förmlich durchtränkt. Wer die engen Straßen der Altstadt durchwandert, trifft auf alte Kirchen, Klöster, Adelshöfe und Bürgerhäuser. Die Burg, selber ein Stück Stadtgeschichte, beherbergt das Städtische Museum und das Amtsgericht. Die stolze Kirche **St. Severus** beherrscht mit ihren Doppeltürmen die Stadt. Sie geht auf den frühchristlichen Bau zurück, der nach Abzug der Römer im Ruinengewirr ihres Badepalastes entstand. Der heutige Bau ist das vierte Gotteshaus an dieser Stelle und wurde nach 1200 errichtet. Aus dem Vorgängerbau beibehalten wurden nur die kräftigen

Türme. Die Kirche ist eine dreischiffige gewölbte Basilika mit Emporen. Vor dem Chor verengt sich der Raum. Hier drängen sich die Türme ins Innere der Kirche, die sich dahinter wieder zum Chor erweitert. Das macht sie perspektivisch länger, als sie tatsächlich ist. Die mittelalterliche Farbgebung des sehr schönen Raumes ist erhalten oder erneuert. Der spätromanische Kruzifixus über dem Hochaltar ist sein künstlerisch wertvollster Schmuck. Sehenswert ist auch die **Karmeliterkirche,** bald nach 1300 begonnen, turmlos, erst etwa 1440 eingewölbt. Sie enthält datierte Wandmalereien von 1407 und ist reich an Plastiken von hohem Rang. Aus der Erbauungszeit stammt die **„Traubenmadonna".** Alljährlich wird sie von Winzern mit frisch geernteten Trauben beschenkt, die man zu ihren Füßen vertrocknen läßt. Sehr interessant sind auch Grabfiguren aus der Dürerzeit, wahre Meisterwerke der Porträtplastik. Über seinen Besitz an alter Architektur und Bildnerei hinaus ist Boppard durch seine Lage in der Landschaft ausgezeichnet. Stromabwärts begleitet die ergiebigste Spitzenweinlage am Mittelrhein das linke Flußufer, kilometerlang in praller Südsonne. Stromaufwärts kann man in halber Hanghöhe bis nach Bad Salzig das urzeitliche Rheinbett begehen. Es liegt an die 100 Meter über dem jetzigen Flußlauf. Hier oben hat Engelbert Humperdinck gewohnt, der Komponist der Oper „Hänsel und Gretel", Freund Richard Wagners, ein später Romantiker. Der Hang ist ein Kirschenparadies, zur Zeit der Blüte eine Wonne fürs Auge, zur Zeit der Ernte eine Lust für den Gaumen. Vom Bahnhof Boppard führt die einzige Zahnradstrecke der Bundesbahn steil hinauf auf den 400 Meter höheren Hunsrück. Und im **Sessellift** wird man in wenigen Minuten zum **Vierseenblick**

Boppard, Rheinpanorama

Vierseenblick über Boppard

getragen. Von diesem großartigen Aussichtspunkt aus wirkt der gewundene Rheinlauf, mehrfach von Randhöhen überschnitten, wie eine Kette von Seen. Die riesige Flußschleife, das „Bopparder Hamm", scheint den rundlichen Hügel auf seinem rechten Ufer ganz zu umschlingen, macht ihn fürs Auge zur Insel. Eine Landschaft der Fülle und Weite eröffnet sich hier oben dem Blick. Doppelt erstaunlich für den, der wie auf Flügeln soeben die Enge des Rheintals aufatmend hinter sich zurückgelassen hat.

Boppard, Stadtpanorama

Braubach

Im Jahre 1276 verleiht König Rudolf von Habsburg dem Ort das Stadtrecht. Sofort wird eine Stadtmauer gebaut und mit der damals schon seit gut hundert Jahren bestehenden Burg verbunden. Aber der Ort ist sehr viel älter. Schon 691 wird er erwähnt. Seine **St. Martinskirche** auf dem Friedhof ist uralt. Sieben Jahre nach Verleihung des Stadtrechts ist Braubach mit der **Marksburg** Besitz der Grafen von Katzenelnbogen. Das Zollrecht hat es ihnen angetan. Sie ergänzen die Hochburg über der Stadt durch eine Zollstätte in Reichweite des Stroms. Diese alte Talburg wird 1568 durch den Neubau der **Philippsburg** ersetzt. Sehenswerte Fachwerkgiebel schmücken ihre Reste. Zur Stadtbefestigung des Mittelalters gehören der markante Turm der **Barbarakirche,** der **Pankgrafenturm** und das **Obertor.** Auch Ruinen von Wehrtürmen und Stücke der Stadtmauer blieben erhalten. Schöne Fachwerkhäuser haben sich als Zeugen alter Wohnkultur in unsere Zeit hinübergerettet. Daß die ehemalige **Barbarakirche,** heute evangelisches Gemeindehaus, der Schutzheiligen der Bergleute geweiht wurde, verdankt sie Silbergruben. Die werden erst 1301 urkundlich bestätigt. Die Barbarakirche hat gotische Wandmalereien. Die dreiseitige Empore mit prachtvoll geschnitzter Brüstung hat ihr 1580 die Reformation beschert. Die heutige Stadt stellt sich dem Fremdenverkehr als Ort der Rosen und des Weins vor. 150 m über dem Rhein erhebt sich die **Marksburg.** Auf halber Höhe zur Burg steht die **Martinskapelle** mit sehr schönem Blick auf Burg und Strom.

Braubach, alte Fachwerkhäuser

Die Marksburg

Den Namen hat die Burg von ihrem Schutzpatron, dem Evangelisten Markus. Ihm ist auch die Kapelle im ältesten Turm geweiht. Er hat sie fast 800 Jahre lang vor dem Schicksal aller anderen Höhenburgen am Rhein bewahrt: vor Eroberung und Zerstörung. Die Marksburg ist nicht aus einem Guß entstanden. Wiederholt haben höchst sachkundige Bauherren sich an ihr betätigt. Ihr Gründer schon, einer der Edelherren von Braubach, bewies Blick für die strategisch günstige Lage, als er sich auf dem Steilkegel um 1150 einnistete. Der ist weder von der Rheinseite her noch von rückwärts angreifbar. Nach 1200 sind Lehnsleute der Pfalzgrafen im Besitz der Burg. Eberhard von Eppstein erweitert und verstärkt sie noch vor 1219. Inmitten des dreieckigen Burghofs errichtet er den quadratischen Bergfried. Sein Eingang lag damals in luftiger Höhe. Nur über eine acht Meter hohe Leiter war er erreichbar. Der Kapellenturm nimmt die Burgkapelle auf. Ein romanischer Palas entsteht auf der Nordseite der Burg. Sie gewinnt an Raum, Behaglichkeit und Stärke. 1283 erwerben die Grafen von Katzenelnbogen die Marksburg. Sie erschweren den Zugang zum Burghof durch eine Vorburg und den Einbau weiterer Tore in den gewundenen Aufgang zur Hauptburg. Vor eins dieser Tore wird eine Wolfsgrube gelegt. Zieht man die Brücke darüber weg, so stürzen andrängende Angreifer in spitze Pfähle. Alle Burggebäude werden mit einer befestigten Umfassungsmauer umgeben, hinter der sich der Zwinger verbirgt. Den quadratischen Bergfried erhöhen die neuen Besitzer durch

Marksburg über Braubach

einen schlanken runden Aufsatz zur „Butterfaßform", charakteristisch für alle Burgen der Katzenelnbogener. Und sie bauen an den Kapellenturm einen zweiten Palas in gotischen Formen an. Seine drei Meter dicke Außenwand läßt das Licht wie durch Schächte einfallen. Sie ist nämlich die Angriffsseite der Burg. Dieser gotische Palas ist ein doppelstöckiger Saalbau mit zwei Räumen von je 6 x 24 Metern übereinander. Sie dienen als Festsäle. Die Grafen haben die Marksburg zu ihrer zeitweiligen Residenz bestimmt. Dazu bedarf sie um 1400 erneuter Verstärkung. Der Kapellenturm wird aufgestockt. Eine zweite, viel weitere Umfassungsmauer schließt nun die Vorburg und das flach abfallende Vorgelände der Rückseite mit ein. Zu ihrer Erprobung kommt es nicht. 1479 sterben die Grafen von Katzenelnbogen aus. Ihre Erben, die Landgrafen von Hessen, fühlen sich in der Marksburg immer noch nicht sicher genug. Die günstige Lage schützt zwar ihre Mauern vor direktem Artilleriebeschuß. Aber anrückende Infanterie muß mit Kanonen bekämpft werden können. Nach 1500 legen die Hessen also das „Geschützhaus" an, die Vorbastion des „Scharfen Eck" und das mächtige „Pulvereck" gegen Angreifer vom rückwärtigen Dachsenhausener Tal her. Die kleine und die große Batterie werden eingebaut. Der Erfolg gibt den Hessen recht. Als 1689/92 die Franzosen die Rheinburgen reihenweise niederbrennen, bleibt die Marksburg unangetastet. Unversehrt ist sie 1866 preußisch geworden. 1899 geht sie in den Besitz der Deutschen Burgenvereinigung über, die hier bis heute ihren Sitz hat und ihr Archiv in der Marksburg aufbewahrt. Allein die Fachbibliothek enthält 12.000 Bände. Die Besichtigung der Burg umfaßt neben der Hochburg auch die imposante Burgkü-

Marksburg über Braubach

che im gotischen Palas. Und wer Einblick in mittelalterliche Methoden der Rechtsfindung nehmen will, findet im Keller des älteren Palas die Folterkammer. Sie birgt ein ganzes Arsenal von Tortur- und Strafgeräten. Die erholsame Burgschenke ist in einem eigens errichteten Haus stilgerecht untergebracht. Es liegt gleich hinter dem Zugbrückentor und hat für die Fülle der Besucher ausgiebig Raum.

Marksburg über Braubach „Rhein in Flammen“

Lahnstein

Die Stadt ist aus zwei Orten mit ganz verschiedener Vergangenheit erst in jüngerer Zeit zusammengewachsen. **Oberlahnstein** war schon vor dem Jahr 1000 der nördlichste Stützpunkt der Mainzer Kurfürst-Erzbischöfe. **Niederlahnstein** erwuchs aus einem römischen Kastell an der Lahnmündung. Erst Reichsbesitz, kam es nach 1016 an Kurtrier und erhielt eine bedeutende romanische Kirche: **St. Johannes der Täufer.** Ihr hoher Turm beherrscht das Rheinufer unterhalb der Lahnmündung. Oberlahnstein wurde mit einer Hochburg, dem Lahneck, mit der Martinsburg am Rhein und einer wehrhaften Stadtmauer zum Waffenplatz des Gebietes. **Burg Lahn-**

Oberlahnstein, Martinsburg (um 1300)

eck, malerisch auf steilem Bergrücken aufragend, bauten die Mainzer Landesherren 1240/45 zum Schutz eines Silberbergwerks. 1688 von Franzosen verbrannt, wurde sie ab 1854 neugotisch wieder aufgebaut und mit antikem Inventar neu ausgestattet. Die **Martinsburg** war der Eckpfeiler der Stadtmauer und Garant der Herrschaft von Kurmainz. Um 1300 wird sie statt dem rebellischen Boppard Zollstätte und eine wichtige Einnahmequelle der Mainzer. Sehenswert in diesem Stadtteil sind die beachtlichen Reste der **alten Stadtmauer,** der Salhof des Mainzer Erzstifts von um 1160 und das reizvolle **Rathaus,** ein spätgotischer Fachwerkbau. Die junge

Oberlahnstein, Burg Lahneck (1240)

Gesamtstadt Lahnstein hat eine neu erschlossene **Thermalquelle** samt **Kurhaus** auf Bergeshöhe. Vor dem **„Wirtshaus an der Lahn"** steht ein Pavillon aus der Barockzeit auf Mauerquadern eines mittelalterlichen Eisbrechers. Die Lage der Stadt Lahnstein am Treffpunkt der vier Waldgebirge Eifel, Hunsrück, Taunus und Westerwald macht sie zum gegebenen Ausgangs- und Zielpunkt für Wanderungen und Entdeckungsfahrten. Sie bietet reiche Gelegenheit, sich vorher zu stärken und nachher von den Strapazen zu erholen.

Niederlahnstein, Wirtshaus an der Lahn (1697)

Schloß Stolzenfels

Der vielbesungene Bau gegenüber der Lahnmündung ist als Trutzburg der Trierer errichtet worden. Kaum hat Kurmainz mit Burg Lahneck den Ausgang des Lahntals verbarrikadiert, da zieht Kurtrier auf dem Schachbrett der Macht mit seinem eigenen „Turm“ nach. Nur zehn Jahre nach dem Bau der Mainzer Burg Lahneck wird die Trierer Burg Stolzenfels fertig. Und als Mainz bald nach 1300 in Lahnstein beginnt, Zoll zu erheben, folgt Trier mit der Zollstätte zu Füßen der Burg Stolzenfels nach. Der dazu gebaute Zollturm am Ufer ist vor 130 Jahren dem Bau der Eisenbahn zum Opfer gefallen. 1688/89 brennen die Franzosen im Zuge einer Belagerung von Koblenz die Burg nieder. Ihre Ruine schenkt 1823 die Stadt Koblenz dem Kronprinzen von Preußen, dem späteren König Friedrich Wilhelm IV. Der beauftragt den preußischen Oberlandesbaudirektor Karl Friedrich Schinkel, sie wiederherzustellen. Die Weisung lautet: Erhaltung des Baubestandes. Was die Rheinseite angeht, so hält sich Schinkel daran. Bergfried, quadratischer Wohnturm und zweischiffiger Saalbau bleiben im Mauerwerk erhalten. Die Bergseite der Burg wird neugestaltet. Kapelle und Torbau entstammen der Schinkelzeit. Aber die Hand eines Architekten von europäischem Rang macht aus Schloß Stolzenfels das Meisterstück romantischer Baukunst auf deutschem Boden. Mit der Qualität der Baugruppe hält die Inneneinrichtung Schritt. Die Ausmalung vieler Räume, ganz exzellente Möbel und Sammlungen haben den königlichen Bauherrn dazu verlockt, mit seiner Gemahlin oft das herrlich gelegene Schloß zu bewohnen. Noch für uns ist es heute eine Lust, seine Festräume zu durchschreiten.

Schloß Stolzenfels, gegenüber der Lahnmündung

Koblenz

Der Name der Stadt ist römischen Ursprungs. Die Wallburg des Augustus geht 70 n. Chr. zugrunde. Eine Stadtmauer vom Ende des 3. Jahrhunderts ist in Resten noch sichtbar. Dem Ansturm der Germanen hält sie nicht stand. Franken richten sich römische Ruinen nach 400 zum Königshof her. In der Kirche **St. Kastor,** 830 geweiht, tagen Karls des Großen Erben 842 und 860. Die Stadt wird 1018 dem Erzbistum Trier geschenkt. Ihre Bürger kommen zu

Koblenz, Deutsches Eck mit Moselmündung

Koblenz, Deutsches Eck / Reiterdenkmal Kaiser Wilhelms I.

Wohlstand. Ein Gerichtshaus wird nötig, weitere Kirchen: **Liebfrauen** und **St. Florin.** Die Koblenzer prägen Dukaten. Ihr Weinhandel blüht und er braucht Transportwege zum Rhein. 1343 macht Kurfürst Balduins Moselbrücke aus Stein ihn für schwere Stückfässer auf dem Landweg erreichbar. 1430 wird das **Kaufhaus** errichtet. Orden bauen Schulen und Kirchen. Bastionen schützen um 1600 die Stadt. Und doch kostet sie der Dreißigjährige Krieg die Hälfte ihrer Bauten. 1688 beschießen sie Franzosen wochenlang vergebens. Wieder entstehen sehr schwere Schäden. 1777 beginnt der letzte geistliche Landesherr den Schloßbau am Rheinufer. Vollendet wird

Koblenz, Am Plan und Liebfrauenkirche (12. Jh.)

er nicht mehr. 1794 flüchtet der Bauherr vor anrückenden Franzosen. Die annektieren die Stadt. Sie wird 1815 preußisch und zur stärksten Rheinfestung ausgebaut. 1920 endet diese Rolle. Im 2. Weltkrieg zu 81 % zerstört, wird Koblenz bis 1950 Regierungssitz des neuen Bundeslandes Rheinland-Pfalz. Seither ist sie Großstadt. Die Kanalisierung der Mosel gibt neuen Auftrieb. Das Straßennetz der Stadt wird an drei Autobahnen angeschlossen, an die rechts- und linksrheinische nach Süden und an die über Trier in die Nachbarländer führende. Kriegszerstörte Bauten sind im Rahmen des Möglichen wiedererstanden oder durch Neubauten ersetzt. Man kann heute wieder behaglich durch Koblenz spazieren. Die Altstadt birgt lockende Straßenbilder und Plätze: am **„Plan“** mit dem Blick auf die welschen Hauben von Liebfrauen, in der Löhrstraße und vor dem alten Kaufhaus. Im Binnenhof des früheren Jesuitenkollegs, das jetzt Rathaus ist, plätschert der **„Schängelbrunnen“** mit der Figur des Koblenzer Lausbuben. Im **Weindorf** der Südstadt überbieten sich Mosel und Rhein um die Gunst der Kenner. Denn der Wein war von jeher das Lebenselixier der Stadt am **„Deutschen Eck“**, dem Zusammenfluß zweier weinseliger Ströme, Mosel und Rhein.

Koblenz, Schängelbrunnen

Koblenz, Festung Ehrenbreitstein (um 1100)

Der Ehrenbreitstein

Ein Hochadeliger namens Erembert baut vor 1100 gegenüber der Moselmündung in den Rhein auf steiler Höhe eine Burg. Kurtrier erwirbt sie 1152 und baut sie aus. Um 1500 wird die Burg zur Festung. Die muß Jan von Werth, Kölner Volksheld und General des Kaisers, 1636 Franzosen entreißen, die der Judas von Kurfürst 1631 einließ. 1688 begehren Franzosen vergebens Einlaß. Dann macht der geniale Balthasar Neumann vor 1750 die Festung uneinnehmbar. Viermal scheitern Angriffe der Franzosen 1794/99. Nur Hunger bezwingt schließlich den Ehrenbreitstein. Mit gigantischen Pulvermengen wird er 1801 gesprengt. 1816/32 bringt Preußen ihn auf den modernsten Stand damaliger Festungsbaukunst. Der Vertrag von Versailles erzwingt seine Entwaffnung. Sehenswerte Museen lohnen den Besuch der Feste.

Koblenz, Festung Ehrenbreitstein (um 1100) „Rhein in Flammen"

Bendorf und Burg Sayn

Mittelalter und Neuzeit liegen in Bendorf nah beieinander: Der Stadtteil Sayn mit der Burg führt den Besucher zurück in die Geschichte der Grafschaft Sayn. Im 13. Jahrhundert gründeten Prämonstratensermönche hier eine **Abtei**. Noch heute weiß man hier, was die Stunde geschlagen hat: Im Bergfried sind Turmuhren berühmter Baumeister ausgestellt. Wer ein lauschiges Plätzchen zum Verweilen sucht, ist in der gemütlichen Burgschänke gerade richtig. Unterhalb der Burg entstand nach 1848 das neugotische **Schloß der Fürsten zu Sayn-Wittgenstein**. Zu sehen sind heute die Ruine und der wieder hergestellte Schloßturm. Prächtig ist der zum Schloß gehörende Garten: Bunte Schmetterlinge flattern hier durch eine exotische Traumlandschaft - und faszinieren gleichsam alt und jung. Die Einheit der Kirchen ist in Bendorf längst kein Thema mehr: Die **katholische und die evangelische Pfarrkirche** sind durch den Glockenturm unzertrennlich verbunden. Der Turm aus dem Jahre 1204 ist heute Eigentum der Stadt, die sich auch um den Erhalt des **Glockenspiels** sorgte. Viermal am Tag klingen die Glocken über den Kirchplatz. Wer die Geschichte neuerer Zeit erleben will, ist in der ehemaligen **„Sayner Hütte“** aus dem 19. Jahrhundert genau richtig. Die dreischiffige Gußeisenkonstruktion wurde von den Preußen als staatliche Eisengießerei errichtet.

Bendorf, Burg Sayn

Neuwied

Schon die Römer unterhielten auf dem Gelände der Stadt Neuwied ein Kastell. Aber erst 1653 gründete der Graf zu Wied die Stadt anstelle des im 30-jährigen Krieg zerstörten Ortes Langendorf. Mächtige Deichanlagen mit einem Pegelturm schützen Neuwied vor dem Hochwasser. „Sightseeing"-Magnet im Herzen der gut erhaltenen Stadt ist das im Park gelegene, nach Versailler Vorbild erbaute **Schloß** (17. Jahrhundert). Der Atem der Geschichte weht auch durch die historische Innenstadt: **Herrnhuter Brüdergemeinde** (1783-1785), **Mennonitenkirche** (1768) oder **Kreismuseum** erinnern an bewegte Zeiten. Naturfreunde kommen im **Neuwieder Zoo** auf ihre Kosten. Tiere aus einheimischer Fauna und fernen Ländern erfreuen sich bei den Besuchern großer Beliebtheit.

Schloß Neuwied

Andernach, Der Runde Turm

Mittelalterliches Rheintor

Andernach

Auf eine lange Geschichte blickt Andernach zurück: Als römisches Kastell („Antunnacum") vor 2.000 Jahren gegründet, war die ehemalige Reichsstadt oft umkämpft. Im 6. Jahrhundert wurde der Ort als fränkischer Königshof erwähnt. Dennoch finden sich im Stadtkern zahlreiche, gut erhaltene Bauwerke. Tore und Türme der im 14./15. Jahrhundert erbauten **Stadtmauer** empfangen den Besucher schon von weitem, darunter der „Runde Turm" (56 Meter hoch) aus dem 15. Jahrhundert. Die sagenumwobenen „**Andernacher Bäckerjungen**" sind als Steinfiguren im romanisch-gotischen Rheintor verewigt. Überragt wird die Stadt von den vier Türmen der katholischen **Liebfrauenkirche** („Mariendom") am Markt, erbaut im Jahre 1198. Aus dem 14./15. Jahrhundert stammt die **evangelische Pfarrkirche** an der Ostseite des Marktes. Zeichen der wechselvollen Geschichte ist die von Grünanlagen umgebene Ruine eines 1689 zerstörten **kurkölnischen Schlosses**. Selbst Bauwerke der Neuzeit sind heute schon antiquiert: Der „**Alte Krahnen**" am Ende der Rheinanlagen wurde bis 1911 zum Verladen von Mühlsteinen genutzt.

Andernach, Rheinpanorama

Mariendom

Bad Breisig

Sprudelnde Gesundheit empfängt den Besucher des Kurstädtchens Bad Breisig. Den Gast erwarten wohltuende Bäder, Massagen, entspannende Ruhe und sanfte Belebung des alltags-gestreßten Körpers. Genau das Richtige gegen Rheuma-, Herz-, Nieren- und Stoffwechselerkrankungen, die in Bad Breisig natürliche Heilung finden. Im 600 Meter tiefen vulkanischen Eifelgestein entspringen **drei Heilquellen**, die als warme Geysire mehrere Thermalbäder speisen. Der **Ludge-**

Bad Breisig, Fachwerkhäuser

Bad Breisig, Rheinpanorama

russprudel speist das Badehaus, das Hallenbad wird vom **Geiersprudel** genährt, während der **Mariensprudel** unter dem Freibad entspringt. Ein weiteres Freibad erhält seine heilsame Kraft von der **Gertrudisquelle**. Entspannung findet der Besucher nicht nur in den Kurzonen - auch im historischen Stadtkern mit seinen verträumten Winkeln ist friedliche Stille. Reizvoll romantisch am Rheinufer gelegen, erstreckt sich eine malerische Kulisse mit Wohnhäusern aus dem 17. und 18. Jahrhundert. Über sechs Kilometer kann entlang des Stroms promeniert werden. Die katholische **Pfarrkirche St. Viktor** in Oberbreisig aus dem 13. Jahrhundert birgt wertvolle Fresken; in Niederbreisig können die **Kirche St. Maria Himmelfahrt** (18. Jahrhundert) sowie schöne Wohnhäuser des 17./18. Jahrhunderts besichtigt werden. Auch auf die kleinen Besucher warten in Bad Breisig Attraktionen: Das **Puppenmuseum** oder der **Märchenwald** sind beliebte Ausflugsziele. Hoch über der Stadt trohnt weithin sichtbar die **Burg Rheineck** aus dem 12. Jahrhundert. Auch hier finden sich lauschige Plätze zum Spazierengehen. Ein Mekka für Feinschmecker ist Bad Breisig alljährlich im Juli: Im Rahmen der **„Kulinarischen Woche“** wird ein „Ritter der kulinarischen Tafelrunde“ gekürt; dazu gibt es an einem Gourmet-Buffet Spezialitäten aus aller Welt. Auch die Brunnen der Thermalquelle haben „ihr“ Fest. Eine erwählte Königin erinnert in jedem Jahr an die heilsamen Wassersprudel.

Burg Rheineck

Mit dem Sessellift kann die Burg Rheineck, hoch über Bad Breisig gelegen, von Besuchern bequem erreicht werden. Im 12. Jahrhundert wurde die trutzige Festung von den Pfalzgrafen errichtet und nur wenige Jahre später von geldgierigen Raubrittern als Unterschlupf mißbraucht. 1151 eroberte König Konrad III. die Burg zurück und ließ die gesamte Anlage niederbrennen. Erst Barbarossas Kanzler Rainald von Dassel baute sie für Kurköln wieder auf. Erneut zerstört wurde Burg Rheineck 1282 vom habsburgischen König Rudolf. Danach setzten die Kurkölner ehrliche Geldvögte in die Residenz am Rhein. Nach der Zerstörung durch die Franzosen im Jahre 1689 blieben einzig der 20 Meter hohe, viereckige Wartturm und Reste der Kapelle erhalten. Professor Moritz von Bethmann-Hollweg aus einer Frankfurter Bankiersfamilie beauftragte erst 1832 den Koblenzer Spätromantiker Lassaulx mit der kunstvollen Erneuerung von Burg Rheineck. Heute findet der Besucher, neben wertvollen Wandfresken, ein Museum sowie eine Gaststätte.

Burg Rheineck

Bad Hönningen, Kurpark

Bad Hönningen

Bad Hönningen gilt als **„Tor zum Naturpark Rhein-Westerwald"**. Wanderfreunde finden in schattigen Wäldern, verträumten Tälern, an rauschenden Bächen oder einsamen Weihern eindrucksvolle Naturerlebnisse. Neben Entspannung an der frischen Luft, bietet der Kurort Experten-Behandlung. Im **Thermalbad** lädt mineralreiches Heilwasser zum Gesundbaden bei Rheuma-, Herz- oder Kreislaufleiden ein. Dabei kann man sowohl im Hallenbad (31 Grad Celsius) als auch im Freibad (26 bis 28 Grad Celsius) seine Runden drehen. Für die Ruhe danach empfehlen sich große Liegewiesen direkt am Rhein, der gepflegte Kurgarten oder die ausgedehnten Rheinpromenaden. Massagen, Krankengymnastik und medizinische Bäder runden das Kur-Angebot in Bad Hönningen ab. Die Thermalquellen haben nicht nur heilende Funktion, sie dienen auch der Kohlensäuregewinnung. Modern präsentiert sich die Fußgängerzone im zum Teil historischen Stadtkern. Rheinromantik findet der Besucher im Stadtteil Ariendorf mit der Kapelle und den alten Fachwerkhäusern. In der Umgebung finden sich mehrere **Klosterhöfe** aus dem 18. Jahrhundert.

Schloß Arenfels

Schloß Arenfels bei Bad Hönningen

Als trutzige Burg wurde Arenfels um 1259 von einem Herrn von Isenburg errichtet. Wiederholt wechselte die Anlage ihren Besitzer, nachdem 1371 der Arenfelser Zweig der Gründerfamilie ausgestorben war. Zwei Rundtürme wurden im Laufe der Zeit neben dem frühgotischen Bergfried errichtet. Weil der Burghügel nicht hoch genug war, konnte das Bauwerk aber nicht mehr als wehrhafte Burg genutzt werden. Also wurde die komplette Anlage zum Schloß umgebaut und mit prächtigen Renaissance- und Frühbarockgiebeln versehen. 1824 erwarb der Graf von Westerholt Arenfels das Schloß, ließ es dann aber unter dem Kölner Dombaumeister Zwirner verwahrlosen. Das reichhaltige Waffenarsenal, der Möbelbestand und die kostbare Bibliothek wurden bis 1951 versteigert. Heute befindet sich der Bau in Privathand und ist bis auf die Schloßgaststätte für Besucher nicht zugänglich. Das Schloß liegt oberhalb des Kurortes Bad Hönningen und kann über Spazierwege gut erreicht werden. Wanderwege rund um Arenfels laden zu erholsamen Stunden der Entspannung ein.

Linz

Linz wurde 874 erstmals urkundlich erwähnt. Um 1320 erhielt Linz die Stadtrechte, bis 1803 gehörte die Stadt zum Kurfürstentum Köln. Mit Basalt aus der Umgebung wurden die teilweise erhaltenen Befestigungsmauern mit den Stadttoren errichtet. Noch heute gilt Linz als Hauptumschlagplatz für den in der Umgebung gebrochenen Basalt. In ihrer Geschichte wurde die Stadt mehrfach belagert und besetzt. Der Markt in der Altstadt bildet den Mittelpunkt des malerisch angelegten Ortes. Hier stehen die in den zwanziger Jahren freigelegten, farbigen Fachwerkhäuser aus fünf Jahrhunderten, die der Stadt den Beinamen **„Bunte Stadt am Rhein"** gegeben haben. Im unteren Teil der Stadt wurde 1365 vom Kölner Erzbischof die **Zwing- und Zollburg „Feith"** erbaut. Bis zum Anfang des 19. Jahrhundert war Linz eine von elf Zollstellen zwischen Köln und Mainz. Die Burg diente darüber hinaus als Sommersitz der Kölner Erzbischöfe. Heute können in der Burg **selbstspielende, mechanische Musikinstrumente** aus drei Jahrhunderten und mittelalterliche Folterinstrumente im Burgverlies besichtigt werden, im Turm lädt eine Diskothek zum Tanzen ein. Aus dem Jahre 1392 stammt das **älteste Rathaus in Rheinland-Pfalz**. Ein Glockenspiel läßt dreimal täglich verschiedene Melodien

Linz, Burgplatz mit Rheintor

erklingen. Immer noch werden in Linz Fachwerkhäuser neu gebaut oder liebevoll restauriert. Bronze- und Steinfiguren erinnern an alte Bräuche: Der **„Klapperjunge“** vor dem Neutor, Symbol für einen Brauch am Karsamstag, die Marktfrau **„Agnes“** auf dem Buttermarkt oder der **„Linzer Strünzer“**, bildhaftes Symbol für die leicht zur Übertreibung neigenden Linzer. Wertvolle Fresken bieten dem Kunstfreund in der 1214 geweihten spätromanischen **St. Martins-Kirche** ein unvergeßliches Erlebnis. Im 15. Jahrhundert stiftete Tilmann Joel, Kanzler und Ratgeber der Kurfürsten und Erzbischöfe, eine Ratskapelle mit Marienaltar für seine Heimatstadt Linz. Das berühmte dreiteilige Altarbild hängt heute in der neuen **Pfarrkirche St. Marien**. Über der Stadt thronen die Burgen Ockenfels und Dattenberg. Die Heimat der vollmundigen Ahr-Rotweine liegt genau gegenüber von Linz auf der anderen Rheinseite: Hier mündet die Ahr in den Rhein. Dennoch gilt auch Linz als Weinstädtchen - im September findet hier eines der größten und beliebtesten Weinfeste am Rhein statt. Dem Ruf als „Bunte Stadt“ wird Linz auch im Gesellschaftsleben gerecht. Im Rahmen einer bunten Woche im Frühsommer wird die Stadt alljährlich zum Treffpunkt der Drehorgelspieler aus aller Welt. Im Mai wird der Rhein zwischen Linz und Bonn mit einem großen Feuerwerk (**„Rhein in Flammen“**) in ein farbiges Lichtermeer verwandelt.

Linz, Rheinpanorma

Apollinariskirche bei Remagen

Remagen

Schon die Kelten ließen sich auf dem Gebiet der heutigen Stadt Remagen nieder, erst die Römer errichteten ein Kastell („Rigomagus"). Der neuromanischen katholischen **Pfarrkirche St. Peter und Paul** liegt als Vorhalle das Langschiff der alten romanischen Kirche aus dem 11. Jahrhundert zugrunde. Hinter Kirche und Rathaus finden sich noch Überreste des römischen Kastells. Über der Stadt steht auf dem Berg die **Apollinariskirche** (1839-42). An dieser Stelle wurde im 12. Jahrhundert eine Benediktiner-Abtei erbaut. Hier ruhen seit 1530 die Gebeine des Hl. Apollinaris. Unweit der Stadt stehen die **Brückenköpfe** der früheren Eisenbahnbrücke. Nachdem es der deutschen Wehrmacht 1945 nicht gelang, die Brücke zu sprengen, konnten die Amerikaner hier den Rhein überqueren. Heute erinnert eine Gedenkstätte an die Geschehnisse.

Remagen, Brückentürme

Unkel, Rheinpanorama

Unkel

Reizvoll am Fuße des Leidenbergs liegt der Winzerort Unkel. Berühmt ist der **„Unkeler Funkeler"**, der in den zahlreichen Weinlokalen verkostet werden kann. In dem kleinen Ort laden malerische Fachwerkhäuser, **Reste der alten Stadtmauer** und die frühgotische **Pfarrkirche** zur Besichtigung ein. Im 1760 erbauten **Haus Freiligrath** lebte der Dichter Ferdinand Freiligrath (1810-1876). Der Schriftsteller Stefan Andres (1906-1970) wohnte von 1950 bis 1961 in Unkel. Neben Wanderungen im **Naturpark Rhein-Westerwald** lohnt sich auch ein Abstecher zur **Burg Vilszelt** im Ortsteil Heister. Die ehemalige Wasserburg aus dem 11. Jahrhundert wurde im 18. Jahrhundert restauriert.

Bad Honnef

Unterhalb des Siebengebirges liegt Bad Honnef. Bereits seit Ende des vergangenen Jahrhunderts ist das Städtchen als Kurort bekannt. Die **Heilquellen** ermöglichen Trinkkuren und Bäderanwendungen. Ruhe und Entspannung findet der Kurgast im modernen **Kurmittelzentrum**, umgeben vom herrlich gestalteten Kurpark. Liebevoll restaurierte alte Fachwerkhäuser und Bauten aus der Zeit des Klassizismus und des späten 19. Jahrhunderts im Zentrum von Bad Honnef laden zum Bummeln ein. Am Markt steht die spätgotische katholische **Pfarrkirche St. Johann Baptist**. Im Innern: ein Sakramentshäuschen von 1500. Gut erhaltene Fachwerkhäuser finden sich auch in den umliegenden Ortsteilen. Reste der **Löwenburg** aus dem 12./13. Jahrhundert sind auf dem Löwenberg nordöstlich des Ortes zu besichtigen. Auf die **Insel Grafenwerth** führt ein Fußweg über eine Brücke.

Rolandsbogen

Nicht nur dichter Efeu-Bewuchs - auch Sagen ranken sich um einen hohen Fensterbogen, Rest einer Burg aus dem 12. Jahrhundert, am Rolandseck. Der Ritter Roland, ein Recke Karls des Großen, hat - der Überlieferung nach - durch das große Fenster zur Insel Nonnenwerth geschmachtet. Dorthin hatte sich seine Braut gebrochenen Herzens ins Kloster zurückgezogen.

Rolandsbogen

Insel Nonnenwerth

Insel Nonnenwerth

Die Benediktinerinnen gründeten 1122 ein Kloster auf der Rheininsel. In den Jahren 1840/41 lebte hier der Komponist Franz Liszt. Im heutigen Franziskanerinnen-Kloster St. Mariä ist eine Mädchenschule untergebracht.

Rhöndorf

Der erste Bundeskanzler der Bundesrepublik Deutschland, Dr. Konrad Adenauer, lebte im kleinen Ort Rhöndorf. Das Wohnhaus - im terrassenförmig angelegten Rosengarten - beherbergt heute eine Ausstellung über sein Leben.

Rhöndorf

Drachenfels

1147 erbauten die Kölner Erzbischöfe die **Burg Drachenfels** hoch über Königswinter gegenüber von Burg Rolandseck als rechtsrheinischen Eckpfeiler der Zollsperre am Rhein. Ab 1402 reichte das Herrschaftsgebiet im kurkölnischen „Drachenfelser Ländchen“ bis an den Steilhang der Nordeifel. Die Zerstörung von Burg Drachenfels hoch über Königswinter ist den kölnischen Truppen zu verdanken: 1634, mitten im Dreißigjährigen Krieg sollte die trutzige Festung den anrückenden Schweden nicht als Stützpunkt in die Hände fallen. Seitdem ist eine Ruine zurückgeblieben, deren Bergfried heute noch weithin zu sehen ist. Im 19. und 20. Jahrhundert mußte die Burgruine mehrfach vor dem Absturz in einen Steinbruch, aus dem Trachyt für den Bau des Kölner Doms gebrochen wurde, gesichert werden. Der Sage nach soll Jung-Siegfried auf dem Drachenfels den Drachen besiegt haben. Auf dem Weg zum Drachenfels ist die **Drachenhöhle** und die **Nibelungenhalle** zu besichtigen.

Drachenfels und Drachenfelsrestaurant

Schloß Drachenburg

Schloß Drachenburg

Auf halbem Weg zur Burgruine Drachenfels erbaute W. Hoffmann im Auftrag von Stephan Sarter von 1879 bis 1884 ein prunkhaftes Schloß. Der gebürtige Bonner wollte mit dem malerischen Bau dem bayrischen König Ludwig II. Konkurrenz machen, der zur selben Zeit mehrere Herrensitze in Bayern errichten ließ. Schloß Drachenburg hat deshalb mit seinen Winkeln und Türmchen äußerliche Ähnlichkeit mit Schloß Neuschwanstein. Aufgrund seines recht jungen Alters gehört Schloß Drachenburg deshalb eigentlich nicht zur Burgenkette des Siebengebirges. Dennoch ist das schloßartige Gebäude geglückt, mehr als manche Wiederherstellung zerstörter Burgen im 19. Jahrhundert. Das Bauwerk ist mit der 1883 in Betrieb genommenen **Zahnradbahn**, auf steilen Wegen zu Fuß oder mit dem Esel zu erreichen. Rund um das Schloß befindet sich ein **Wildpark**, in dem sich hiesige Tiere in freier Natur bei Groß und Klein großer Beliebtheit erfreuen.

Königswinter, Rheinpanorama

Königswinter

Reizvoll am Fuße des Drachenfelses im **Siebengebirge** liegt der Luftkur- und Ausflugsort Königswinter. Im Ort laden verträumte Gäßchen, gesäumt von malerischen Fachwerkhäusern zum Spazierengehen ein. Die katholische **Pfarrkirche St. Remigius** wurde 1779 anstelle einer romanischen Kirche erbaut. Im Innern sind aus der Erbauungszeit noch der Hochaltar, Teile der barocken Kanzel und Teile der Orgel erhalten. In der Kirche wird ein Armreliquiar der Heiligen Margaretha (14. Jahrhundert) aufbewahrt. Von der Rheinuferpromenade hat man einen schönen Blick auf Mehlem und den Rodderberg. Kulturfreunde sind im historischen **Siebengebirgs-Museum** oder in der **Nibelungenhalle** am Fuße des Drachenfelses genau richtig. Hier befindet sich außerdem ein **Reptilien-Zoo**. Zisterziensermönche aus dem in der Nähe des Städtchens gelegenen **Kloster Heisterbach** legten vor vielen Jahren den Grundstein für die Weinbautradition in der Stadt.

Königswinter, Fachwerkhäuser

Lokomobil

Königswinter

„Drachenblut" heißt die bekannte Rotwein-Südwestlage aus Königswinter, der in vielen gemütlichen Weinlokalen probiert werden kann. Nordöstlich der Stadt befindet sich die **Wolkenburg**, deren Gipfel mit Festung durch Steinbrüche größtenteils abgetragen wurde.

Petersberg

Nicht nur Staatsgäste aus aller Welt - jedermann ist auf dem Petersberg herzlich willkommen. Das einstige Hotel war nach dem zweiten Weltkrieg Sitz der Hohen Kommissare der westlichen Alliierten. Später wurde es zum Nobelhotel für Staatsoberhäupter umgebaut. Nach der erneuten Renovierung dient der Gebäude-Komplex jetzt als Gästehaus der Bundesregierung. Das „Restaurant Steigenberger" ist frei zugänglich.

Petersberg

Bonn-Bad Godesberg, Kurhaus "Redoute"

Bonn-Bad Godesberg

Gegen Ende des 13. Jahrhunderts gründete der letzte Kurfürst von Köln das am Rhein gelegene **Mineralbad** Godesberg. 1210 wurde auf einem Basaltkegel oberhalb der Stadt anstelle eines vorrömischen Opferplatzes die **Godesburg** errichtet und über 350 Jahre später bei einer Belagerung gesprengt. Erhalten geblieben sind nur die äußeren Mauern sowie der etwas abseits stehende Bergfried. Am nördlichen Abhang des Burghügels befindet sich die barocke **Michaelskapelle**, erbaut zwischen 1697 und 1699. Das Kurviertel im Ort lädt zum Bummeln ein. Im Mittelpunkt steht das 1790 bis 1792 entstandene klassizistische **Kurhaus „Redoute"**, in dem heute Staatsempfänge gegeben werden. Im Trinkpavillon sprudelt die **Neue Kurfürstenquelle**. Zwischen den Parkanlagen wurden 1964 das Kurfürstenbad und das 1986 eingeweihte **Schauspielhaus** sowie die **Kammerspiele** errichtet. Bad Godesberg ist seit 1949 ein beliebter Dienst- und Wohnsitz von Bonner Behörden, Beamten und Diplomaten. Seit 1969 ist Bad Godesberg Stadtteil von Bonn.

Bonn-Bad Godesberg, Godesburg

Bonn, Markt/Rathaus

Beethovendenkmal

Bonn

Seit 1949 ist Bonn in aller Welt bekannt: Nach dem Zweiten Weltkrieg wurde die Studenten-Stadt am Rhein Hauptstadt der Bundesrepublik Deutschland. Schon die Römer gründeten als eines der ersten Kastelle die „Castra Bonnensia“ vor über 2000 Jahren. Von 1238 bis 1794 war Bonn Residenz der Kölner Erzbischöfe. Die heutige, berühmte **Universität** wurde 1697 bis 1725 von Enrico Zuccali und Robert de Cotte als kurfürstliches Schloß errichtet. 1818 wurde die Residenz zur Studienstätte umgewandelt. Zur Baugruppe gehört auch das **Koblenzer Tor**. Im Herzen der Altstadt steht das barocke **Rathaus** (1737/38). Das **Geburtshaus** von Komponist **Ludwig van Beethoven** (1770-1827) befindet sich in der Bonngasse 20. Die heilige Helena ist der Legende nach die Gründerin einer kleinen Stiftskirche gewesen, auf deren Resten das fünftürmige **Münster** im 11. bis 13. Jahrhundert errichtet wurde. Zur alten Anlage gehört auch eine teilweise erhaltene Krypta. Südlich schließt sich ein zweigeschossiger Kreuzgang (12. Jahrhundert) an. Das **Regierungsviertel** im Süden der Stadt verlor 1991 mit der Wahl von Berlin zur Bundeshauptstadt auf dem Papier seine Funktion. Hier befinden sich die Villen von Bundeskanzler und Bundespräsident, Bundeshaus, Abgeordnetenhochhaus („Langer Eugen“) und weitere Regierungsgebäude.

Bonn, Theater

Universität

Köln

Schon die Römer erkannten die Vorzüge der Lage am Rhein und gründeten um 50 n. Chr. eine „Colonia“, benannt nach der in Germanien geborenen Agrippina, der Gemahlin von Kaiser Claudius. Zum Reich der Franken gehörte Köln seit dem Ende des 5. Jahrhunderts. Karl der Große erhob die Stadt zum Erzbistum. Neben Lübeck war sie im Mittelalter zeitweise eine der wichtigsten Stützpunkte der deutschen Hanse. Zusammen mit der Rheinprovinz geriet Köln unter preußisches Regiment. Im zweiten Weltkrieg wurden große

Kölner Dom

Teile der Stadt zerstört. Wahrzeichen ist der mächtige **Kölner Dom**, ein Meisterwerk der Hochgotik und eine der größten Kathedralen Europas. 1248 wurde mit dem Bau begonnen und erst 1880 wurde das Gotteshaus vollendet. Über dem Hochaltar sind die Reliquien der Heiligen Drei Könige im goldenen **Dreikönigsschrein** aufbewahrt. Das berühmte Bild „Anbetung der Könige" von Stephan Lochner befindet sich im Chorumgang. Sehenswert sind auch frühgotische Standbilder, Kreuze, Glasfenster und die Schatzkammer. Die Türme sind 157 Meter hoch und wer mehr als 500 Stufen auf den Südturm steigt, hat einen herrlichen Panoramablick über die Dächer der Stadt bis zum Siebengebirge. Der Dom ist heute Residenz des Kölner Erzbischofs und somit Zentrum der größten Diözese Deutschlands. Bedeutende Kunstschätze finden sich auch in den **zwölf romanischen Kirchen**. Vom Dom aus gelangt man direkt auf die **Hohe Straße**, wo das Einkaufszentrum beginnt. Das berühmte **„Kölnisch Wasser"** findet der Besucher in der Glockengasse, Haus-Nr. 4711. Vom Gebäude mit neugotischer Fassade hört man ein Glockenspiel. Sehenswert ist auch die am Rhein gelegene **Altstadt**, in

Köln, Alter Markt mit Rathausturm und Dom

Köln, St. Gereon

Eigelsteintor

der man in urigen Kneipen das „**Kölsch**" vom Faß (obergäriges, leichtes Bier) probieren kann. Auf Resten des römischen Praetoriums wurde im 15./16. Jahrhundert das alte **Rathaus** erbaut. In der Nähe liegt auch die „gute Stube" der Stadt, der Festsaal **Gürzenich**, 1437 bis 1444 als Kauf- und Festhaus errichtet. Rund um den historischen Kern der Stadt sind Reste der mittelalterlichen **Stadtmauer** mit **drei Torburgen** zu sehen. Direkt hinter dem Dom findet man das **Römisch-Germanische Museum**, das auf dem römischen Dionysos-Mosaik errichtet wurde. Im **Wallraff-Richartz-Museum** und im **Museum Ludwig** finden sich bedeutende Kunstwerke berühmter Maler. Heute ist Köln wichtige Drehscheibe in Mitteleuropa. Neben zehn sternförmig auf die Stadt zulaufenden Autobahnen verfügt Köln über einen großen Hauptbahnhof, einen Binnenhafen, acht Rheinbrücken sowie den Flughafen Köln-Bonn. Große Wirtschafts- und Industrieunternehmen haben ihren Sitz in der Domstadt. Alljährlich im Januar/Februar sind in Köln die „jecken" Narren los: Der **Kölner Karneval** ist weit bekannt.

▲ Kölner Dom und St. Martin ▼ Kölner Dom, Innenansicht